Der Zweite Weltkrieg
zwischen Maas und Rur

Franz Joseph Küsters

Der Zweite Weltkrieg

zwischen Maas und Rur

Nach einer Serie
der „Aachener Nachrichten“

Meyer & Meyer Verlag

Die Deutsche Bibliothek - CIP-Einheitsaufnahme

Küsters, Franz Joseph
Der Zweite Weltkrieg zwischen Maas und Rur / Franz Joseph Küsters. -
Aachen : Meyer und Meyer, 1995
ISBN 3-89124-284-0

Foto Titelseite: Geschichtsverein „Zwischen Venn und Schneifel“, St. Vith
Fotos Innenteil: Archiv Aachener Nachrichten; Bilder Seite 11, 20, 23, 28, 50, 73, 77, 128, 147, 151, 153
Stadtarchiv Aachen; Bilder Seite 12, 15, 27, 31, 38, 45, 58, 60, 66, 82, 85
Geschichtsverein „Zwischen Venn und Schneifel“, St. Vith; Bilder Seite 101, 105, 106, 109, 113, 114, 118, 121, 123, 124, 126
Privatarchiv Josef Amberg, Würselen; Bilder Seite 32, 37, 48, 53, 89, 92
Privatarchiv Koni Schall, Kreuzau-Winden; Bilder Seite 25, 57, 62, 63, 95
Privatarchiv Wilhelm Frenken, Heinsberg; Bilder Seite 34, 79, 131, 134, 135, 143
Vertriebspartner in Belgien: Grenz-Echo Verlag, Eupen
Umschlaggestaltung: Walter Neumann, N&N Design Aachen
Satz: Times
Druck: Druckerei Queck, Jüchen
Printed in Germany
ISBN 3-89124-284-0

Inhalt

Vorwort des Verfassers

Als der Zweite Weltkrieg für Adolf Hitler schon längst verloren war, wurde die heutige Euregio, das „Land zwischen Maas und Rur", noch einmal für ein halbes Jahr zum großen Kriegsschauplatz. Von Mitte September 1944 bis Ende Februar 1945 tobten die erbitterten Schlachten zwischen den Alliierten und dem letzten Aufgebot der Wehrmacht auf dem Boden des Deutschen Reiches, das auf Befehl des Führers bis zum letzten Blutstropfen verteidigt werden sollte.

Unsere Städte und Dörfer sanken in Schutt und Asche, die Zahl der Todesopfer geht in die Hunderttausende. Am Westwall mit seinen Höckerlinien und Bunkerketten, der von Norden nach Süden quer durch das Grenzland verlief, hatte die Wehrmacht noch einmal eine Verteidigungslinie aufgebaut, in deren Bereich die in jeder Hinsicht haushoch überlegenen Streitkräfte der Amerikaner, Briten und Kanadier auf ihrem rasanten Vormarsch durch Westeuropa entscheidend aufgehalten wurden. Paris war am 25. August befreit worden - zwei Wochen später schon standen sie an der Reichsgrenze. Und hier entwickelte sich der Bewegungskrieg noch einmal zum Stellungskrieg. Die daheimgebliebene Zivilbevölkerung mußte unendliches Leid erdulden, hauste unter unzumutbaren Bedingungen wochen- und monatelang in Kellern oder Schutzbunkern. Es war der reine Kampf ums Überleben.

In den „Aachener Nachrichten" habe ich die damaligen Kriegsereignisse unter dem Titel „Heute vor 50 Jahren" als Serie veröffentlicht. Da es bereits gute und umfangreiche Literatur über die Kämpfe und Menschenschicksale in der Region gibt, wählte ich für diese Serie bewußt die Tagebuch-Form, um darzustellen, was an dem jeweiligen Tage vor 50 Jahren geschehen ist.

Die Resonanz war in breiten Bevölkerungsschichten so groß, daß es fast zwangsläufig zu dieser Buch-Edition kommen mußte. Die Texte der Serie „Heute vor 50 Jahren" wurden dabei übernommen, ebenso ein Teil der Fotos. Ein Anspruch auf Vollständigkeit wird im Hinblick auf die Vielseitigkeit des Kriegsgeschehens nicht erhoben, auch war es nicht beabsichtigt, Einzelschicksale darzustellen oder gar das Historische aus bestimmten Blickwinkeln von rechts oder links einer Analyse zu unterwerfen bzw. die Ursachen und Hintergründe zur Entstehung des Zweiten Weltkrieges zu durchleuchten.

Es ging nicht mehr und nicht weniger darum, die Kriegsereignisse in der Grenzregion von September 1944 bis Ende Februar 1945 in einer bisher nicht veröffentlichten Form sozusagen als Ergänzung zu den vielen bekannten Publikationen darzustellen.

Aachen, im Februar 1995

I. Kapitel

Westwall-Durchbruch bei Aachen: Die Amerikaner stehen auf deutschem Boden

10. September 1944 (So)

Mit Riesenschritten marschieren die Divisionen der 1. US-Armee im Nordosten Belgiens auf die deutsche Grenze im Raum Aachen zu. Noch ist der von den Amerikanern so gefürchtete Westwall nicht in Sicht, leben die Alliierten mit der Illusion, ihr Ziel so umsetzen zu können, wie es nach dem Blitzdurchmarsch durch Nordfrankreich und Belgien fast logisch erscheint: Noch in diesem Jahr wollen sie den Rhein überschreiten und den Krieg gegen das Dritte Reich weiter östlich beenden.

Die Kampfhandlungen finden an diesem Tage bereits diesseits der Maas statt. Vorbereitet von schwerem Artilleriefeuer stoßen die Amerikaner bis zum Abend auf die Linie Argenteau (nördlich von Lüttich), Dalhem und Charneux sowie Clermont, gerade noch vier Kilometer von Henri-Chapelle entfernt, vor.

In Aachen und anderen deutschen Grenzstädten und -gemeinden ist längst die Evakuierung der Zivilbevölkerung angelaufen. Heinrich Himmler, in seiner Funktion als Reichsführer SS Hauptscherge Adolf Hitlers, besucht an diesem Tag die deutschen Truppen in der Kaiserstadt und verbreitet Durchhalteparolen wie „Aachen wird nicht geräumt".

11. September 1944 (Mo)

Am Nachmittag greifen die Amerikaner nach massiver Artillerieunterstützung auf breiter Front mit schnellen Panzerverbänden aus ihren am Vortag eroberten Stellungen Richtung deutsche Grenze an. Im Norden stoßen sie auf Visé vor, in der Mitte nehmen sie Neufchâteau und Dalhem und stehen abends dicht vor Hergenrath. Weiter südlich wird Eupen ohne nennenswerte Gegenwehr befreit, von wo die US-Panzer-Verbände Richtung Eynatten vorpreschen. Eine andere Panzerspitze setzt sich Richtung Monschau in Bewegung.

Einen schnellen Durchbruch auf Aachen selbst können die Deutschen unter Aufbietung der letzten Reserven noch gerade verhindern, obwohl die amerikanischen Jagdbomber mit effektiven Einsätzen den Vorstoß unterstützen.

Angesichts der Tatsache, daß der Gegner überall kleinere oder größere Geländegewinne erzielen kann, nehmen die Deutschen ihre Stellungen etwas zurück (teilweise schon bis hinter die Reichsgrenze), um sich neu formieren zu können.

Trotz Himmlers Beteuerungen am Vortag ordnet die NS-Kreisleitung die Räumung der Stadt Aachen an, wodurch ein riesiges Chaos entsteht, da die Wehrmacht gleichzeitig neue Feldbefestigungen baut. Der Treck der Aachener geht Richtung Niedersachsen, Thüringen und Schlesien, teilweise auch Westfalen. In wenigen Tagen müssen über 140 000 Bürger ihre Heimatstadt verlassen.

Das bemerkenswerteste Ereignis des Tages spielt sich allerdings an der deutsch-luxemburgischen Grenze ab: Kurz nach 18 Uhr überquert ein amerikanischer Stoßtrupp die Our bei Stolzenburg nahe Vianden. Die ersten Amerikaner haben damit deutschen Boden betreten!

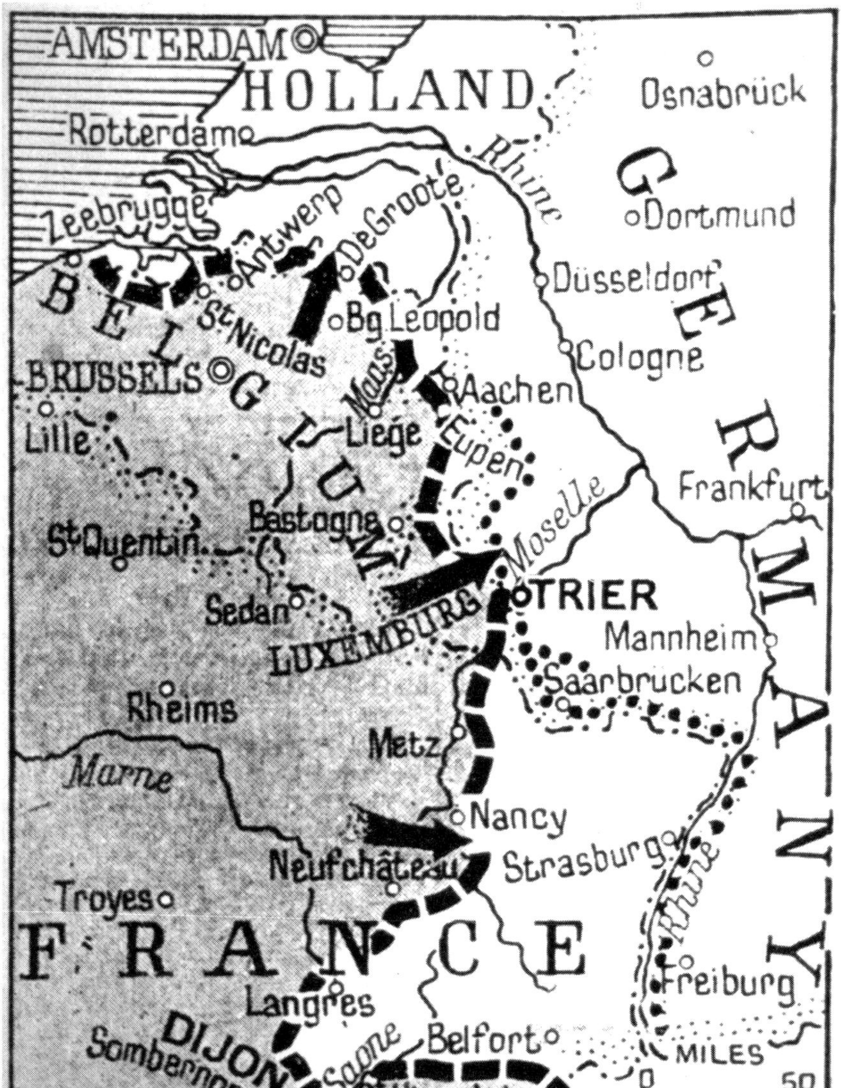

Der Verlauf der Westfront, bevor die Alliierten die deutsche Grenze überschreiten.

Am 12. September um 14.30 Uhr haben die ersten Amerikaner den Roetgener Bahnhof erreicht. Sie stehen mit ihrem Jeep vor dem Stellwerk auf den Gleisen der Vennbahn.

12. September 1944 (Di)

In der Nacht sind unzählige US-Panzer- und Infanterieeinheiten zwischen Aachen und Luxemburg über die Reichsgrenze vorgestoßen. An einem dieser Angriffsunternehmen in der Nähe von St. Vith nimmt auch der spätere Literatur-Nobelpreisträger Ernest Hemingway als Kriegsberichterstatter teil.

Westlich von Aachen überschreiten die Amerikaner die belgisch-niederländische Grenze und erobern Slenaken und Epen. Auch Eynatten und Raeren fallen, und wenig später stehen die GIs nördlich Hauset im Aachener Stadtwald, wo sie erstmals auf Westwall-Bunker stoßen. Die deutsche Abwehr ist allerdings so schwach, daß die Amerikaner noch am selben Tag bis zur Höhe des später zerstörten Pelzerturms (mit seinen 358 Metern Aachens höchster Punkt) vordringen und einen Blick auf die Stadt werfen können.

Erste Artilleriegranaten schlagen in der Innenstadt ein. Die Sirenen heulen Luftalarm - aber es wird keine Entwarnung mehr geben. Um 24 Uhr werden die Zugverbindungen von und nach Aachen eingestellt.

Einige Stunden zuvor, um 14.30 Uhr, stehen amerikanische Panzer und Infanterie am Roetgener Bahnhof. In der US-Presse wurde der Fall der Nordeifel-Gemeinde als Eroberung der „ersten deutschen Stadt“ besonders gerühmt. Wichtig vor allem: Die Einheiten haben eine Bresche in den gefürchteten Westwall geschlagen, indem sie die Höckerlinie sprengten oder zuschütteten.

Der Angriff gerade auf Roetgen gehört zu der von Generalmajor Lawton Joe Collins (der vom Alliierten Oberkommando für die Eroberung Aachens ausersehen wurde) entwickelten Strategie, Aachen südlich zu umgehen und dann nach Osten hin abzuschneiden, während die armseligen Restbestände der deutschen Wehrmacht in der Stadt selbst den direkten Angriff erwarten.

Die auf dem Rückzug befindlichen deutschen Einheiten sprengen entlang der Grenze etliche Brücken und andere strategisch wichtige Einrichtungen, so den Vennbahn-Viadukt in der Nähe von Kloster Reichenstein bei Kalterherberg.

13. September 1944 (Mi)

In der Nacht haben sich die „Braunen“ aus der Stadt Aachen zurückgezogen, während die Bevölkerung mit ihren wenigen transportablen Habseligkeiten unverrichteter Dinge auf den Sammelplätzen herumsteht. Kommissarischer Oberbürgermeister der Stadt ist Museumsdirektor Dr. Felix Kuetgens, der erst einen Tag zuvor von dem geflohenen Nazi-Oberbürgermeister Quirin Jansen zu dessen Stellvertreter ernannt worden war.

Schließlich löst Generalleutnant Gerhard Graf von Schwerin, Kommandeur der 116. Panzerdivision („Windhund“), der morgens um 6 Uhr offiziell zum Kampfkommandanten von Aachen ernannt wird, die Flüchtlingsansammlungen auf, um Platz zu schaffen für den Durchmarsch der „Windhund-Division“ zur Hauptkampflinie.

Mittags gegen 14 Uhr brechen Stromversorgung und Telefonnetz zusammen. Währenddessen „verschlafen“ die Amerikaner die einmalige Chance, Aachen sozusagen im Handstreich zu nehmen, wo sie schon tags zuvor auf den südlichen Höhen des Waldes aufgetaucht waren und wissen mußten, daß die deutschen Verbände zu schwach waren, um ernsthaft Widerstand zu leisten. Graf von Schwerin ist zudem nicht bereit, die Stadt zu verteidigen, weshalb er sich später vor dem Kriegsgericht verantworten muß. Er rechnet mit der Eroberung Aachens bereits am nächsten Tag und hinterlegt deshalb bei einem Fernsprechbeamten einen in Englisch geschriebenen Brief, in dem er Hitlers Evakuierungsbefehl für nichtig erklärt und den Gegner bittet, die Stadt zu schonen. Parallel dazu gelingt es seinen Einheiten, die Amerikaner noch im Stadtwald durch einige energische Gegenattacken zunächst einzuschüchtern und am weiteren Vormarsch zu hindern.

Am nördlichen Abschnitt der Aachen-Front treten zwei Panzer-Divisionen der 1. US-Armee zu einem Großangriff auf Südlimburg an und erreichen mit ihren Panzerspitzen noch am Abend die südlichen Vororte von Maastricht sowie Gulpen. Im Südabschnitt wird der Grenzort Vaals zur Hauptbasis der amerikanischen Nachschubeinheiten.

Im Bereich Lichtenbusch-Roetgen setzen sich die Amerikaner auf breiter Linie über die Westwall-Hindernisse hinweg. Panzereinheiten stoßen Richtung Walheim und Rott vor, doch die Verteidiger können den Angriff zwischen Kornelimünster und Mulartshütte schließlich stoppen.

Amerikanische Jeeps fahren südlich von Aachen durch eine Bresche der Höckerlinie.

II. Kapitel

Kein Durchkommen im „Stolberg-Korridor“

14. September 1944 (Do)

Noch in der Nacht haben die Amerikaner Maastricht befreit und dringen jetzt mehr östlich auf die Linie Meerssen-Valkenburg-Orsbach vor. Dort können Einheiten der 49. und 275. deutschen Infanterie-Division den weiteren Vorstoß verhindern.

Dafür erzielen die Amerikaner südlich weiteren Geländegewinn. Noch am Vormittag erreichen Panzer mit aufgesessener Infanterie Kornelimünster und Breinig. Zuvor haben sie die meisten Westwallbunker mit Flammenwerfern außer Gefecht gesetzt.

Die 116. deutsche Panzer-Division hat nicht viel entgegenzusetzen und kann nicht verhindern, daß Nieder- und Oberforstbach sowie Wahlheim-Schmidthof und Hahn verloren gehen und die ersten US-Tanks in Eilendorf und Rothe Erde stehen.

Von Kornelimünster aus greifen die Amerikaner nachmittags Büsbach an, aus den am Vortag errichteten Stellungen um Rott erreichen sie Mausbach und dringen in Zweifall ein, wo die Deutschen am Vorabend die Brücken über den Vichtbach gesprengt haben.

Aus dem Raum Malmedy-Verviers setzt sich die 9. US-Infanteriedivision ohne nennenswerte Feindberührung über Sourbrodt und Elsenborn Richtung Nordeifel in Bewegung, überquert die Reichsgrenze und kann Kalterherberg und Lammersdorf fast ohne deutschen Widerstand nehmen.

15. September 1944 (Fr)

Den Amerikanern gelingt der Durchbruch auf Monschau. Morgens fällt Mützenich. In der Nähe des Monschauer Bahnhofs kommt es zwar zu Scharmützeln mit den deutschen Verteidigern, doch dann fällt die „Eifelperle“ wie Stunden zuvor bereits Imgenbroich und Konzen praktisch kampflos an die Amerikaner. Die deutsche Verteidigungslinie wird auf Höfen-Rohren zurückgenommen.

Dafür können die Deutschen durch erfolgreiche Gegenangriffe den Vormarsch der Amerikaner im Stolberger Raum zum Stehen bringen. Bei Mausbach und Gressenich wird ein Panzervorstoß von deutschen Panzern gestoppt. Die Front verläuft am Abend von Vaals und südlich von Burtscheid auf Eilendorf zu und von dort weiter über Büsbach, Zweifall sowie östlich von Rott und Lammersdorf.

Ein regelrechtes Massaker ereignet sich im Raum Eschweiler: zwischen Nothberg und Hücheln wird ein mit rund 200 Flüchtlingen besetzter Zug von vier amerikanischen Jagdbombern angegriffen. In den offenen Waggons sterben etwa 80 Menschen, die meisten sind Frauen und Kinder.

Auch in Südlimburg treten die Amerikaner trotz eines Vorstoßes bei Valkenburg praktisch auf der Stelle.

In Aachen selbst fährt den verbliebenen Einwohnern und vor allem dem neugebildeten Stadtrat der Schrecken in die Glieder:Die „Braunen“ unter Führung von Kreisleiter Schmeer sind zurückgekehrt, bringen OB Kuetgens und einige andere Mitglieder des provisorischen „Senats“ nach Würselen und ziehen mit allen Mitteln die Zwangsevakuierung der Bevölkerung durch. Bald hat Aachen von einst 160 000 Bewohnern gerade noch 25 000.

Besonders brisant: Den SA-Leuten fällt der von Graf von Schwerin hinterlegte Brief an die US-Truppenkommandeure in die Hände.

16. September 1944 (Sa)

Die „Goldfasane“ der Aachener NSDAP reagieren schnell: Schon am Vormittag wird Graf von Schwerin von seinem Vorgesetzten Generalleutnant Friedrich August Schack über seine geplante Absetzung als Divisionskommandeur informiert, die nachmittags erfolgt. Zum Nachfolger wird Oberst von Brandenburg ernannt.

Die deutschen Truppen erhalten wesentliche Verstärkung. Hitler persönlich hat die in Ostpreußen neu zusammengesetzte und mit Panzerjägern und Artillerie verstärkte 12. Infanterie-Division Richtung Westfront befohlen: insgesamt 14 800 Mann, die in Düren und Jülich ausgeladen und sogleich in allen verfügbaren Bussen an die Front gebracht werden, vorwiegend in den Raum Stolberg, wo der amerikanische Druck am stärksten ist.

Der Großangriff der Amerikaner ist nicht unbedingt erfolgreich. Im Norden wird Valkenburg befreit, dafür bringen die Deutschen den Gegner bei Gulpen nicht nur zum Stehen, sondern drängen ihn bis Voerendal zurück.

Bei den Kämpfen um den „Stolberg-Korridor“ erleiden die Amerikaner hohe Verluste. Den Begriff „Stolberg-Korridor“ prägte übrigens der amerikanische Armee-Historiker Charles B. MacDonald. Gemeint war damit der Raum zwischen Aachen und den südlich von Stolberg beginnenden Waldhöhen der Nordeifel, den das amerikanisch-britische Oberkommando als Durchbruchsstelle Richtung Rheinebene und damit Köln ausersehen hatte. Deshalb auch die Truppenkonzentrationen und pausenlosen Vorstöße in diesem Bereich.

Verlautenheide und Atsch werden von den frischen deutschen Truppen zurückerobert, dafür stoßen die US-Streitkräfte abends mit Panzern und Infanterie von Mausbach aus über Gressenich bis Schevenhütte vor. Der Ort am Eingang des später heiß umkämpften Wehebachtals bleibt bis November der östlichste Punkt des amerikanischen Angriffsabschnitts.

In der Südeifel stehen US-Panzerspitzen nur noch sechs Kilometer vor Bitburg.

In Berlin denkt Adolf Hitler erstmals im engsten Kreise seiner Berater laut über eine großangelegte Gegenoffensive im Westen nach. Daraus wird dann schließlich das „Unternehmen Wacht am Rhein", die Ardennen-Offensive oder (bei uns gebräuchlicher) Rundstedt-Offensive, benannt nach dem Oberkommandierenden des Heeres an der Westfront, Generalfeldmarschall Gerd von Rundstedt.

17. September 1944 (So)

Nach stundenlangem Artilleriefeuer schlagen die Amerikaner am Nachmittag in Südlimburg zu. Bei Meerssen erleiden die deutschen Verteidiger schwere Verluste und werden bis Klimmen zurückgeworfen. Abends wird Heerlen befreit.

Bei Stolberg sind die deutschen Streitkräfte durch die Verstärkungen der 12. Infanterie-Division weiter aufgefrischt worden und tragen Gegenangriffe vor, bei denen wiederum die Amerikaner größere Verluste erleiden. Bei Burtscheid, Eilendorf und Verlautenheide werden US-Angriffe gestoppt, weiter südlich wird zunächst Werth, später Gressenich zurückerobert. Von dort stoßen die Deutschen in die Flanke eines amerikanischen Angriffs, machen über 200 Gefangene und stehen am Abend wieder in Mausbach.

Im Monschauer Land ist Alzen umkämpft, im Norden gibt es erneut Verstärkung für die deutschen Westwallverteidiger durch die aus Österreich eintreffende 183. Volksgrenadier-Division, die in Mönchengladbach ausgeladen und von dort gleich in den Raum Geilenkirchen gebracht wird.

Bei Arnheim starten die Briten „Market Garden", das größte Luftlandeunternehmen des gesamten Zweiten Weltkriegs. Von über 20 Flugplätzen in Südengland starten zunächst rund 1400 Bomber und bereiten das Landegebiet mit Bombenteppichen vor, später springen aus über 2000 Frachtmaschinen etwa 35 000 Soldaten ab. Das zunächst erfolgreiche Unternehmen wird ein Fiasko: am 25. September ist die Niederlage der Briten unter immens hohen Verlusten besiegelt.

Nach der Erstürmung des Hammerbergs werden deutsche Kriegsgefangene durch Stolberg geführt.

18. September 1944 (Mo)

Die Amerikaner besetzen Brunssum und stoßen auf Nieuwenhagen, Terwinselen und Kerkrade vor, ohne diese Orte allerdings befreien zu können, weil die deutsche 49. Infanterie-Division und Teile der 10. SS-Panzer-Division in Unterzahl erfolgreich Widerstand leisten.
Heftige Kämpfe toben in Schevenhütte. Den Deutschen gelingt es, den Gegner zum Rückzug zu zwingen, aber der läßt nicht locker und greift mit großem Einsatz erneut an. Zwei deutsche Bataillone werden eingeschlossen und können sich nur unter schweren Verlusten befreien, so daß der Ort wieder in amerikanischer Hand ist.
In Stolberg selbst erzielen die Amerikaner Einbrüche und besetzen u.a. den Hammerberg im Süden der Stadt. Angriffe auf Weißenberg und Donnerberg werden von den Deutschen gestoppt.
Im Süden der Aachen-Front finden die letzten Kämpfe um Alzen statt. Die Verteidiger erleiden schwere Verluste, und der Ort geht abends endgültig an die Amerikaner verloren.

19. September 1944 (Di)

Nördlich von Geilenkirchen dringen amerikanische Verbände auf deutschen Boden vor, wobei in der Gegend von Gangelt und Teveren Panzergefechte stattfinden. Die deutschen Einheiten ziehen unter nicht unerheblichen Verlusten ihre Verteidigungslinie auf Teveren zurück. Neben Teilen von Gangelt gehen Gillrath, Grotenrath und Scherpenseel verloren. In Palenberg sprengen deutsche Soldaten auf dem Rückzug am Abend die Wurmbrücke zwischen Palenberg und Marienberg.

Im Westen und Nordosten von Stolberg wird mit wechselndem Erfolg gekämpft.

Mit einem Angriff auf breiter Front lösen die Amerikaner die historische Schlacht um den Hürtgenwald aus, die Monate dauern soll. Der Begriff Hürtgenwald (heute trägt eine aus verschiedenen Dörfern bestehende Gemeinde auf den ersten Nordeifelhöhen entlang der B 399 diese Ortsbezeichnung) wurde erst später geprägt und stand als Inbegriff für unsinnige und verlustreiche Schlachten schlechthin. Die Amerikaner bezeichneten mit „Hürtgenwald“ das waldreiche Gebiet zwischen Stolberg und den Eifel-Talsperren bis hin zum Staatsforst Monschau.

Die US-Offensive besteht aus drei Stoßkeilen. Von Lammersdorf aus sollen die strategisch wichtige Paustenbacher Höhe sowie östlich der Höhenzug Richtung Rollesbroich genommen werden, von wo aus die Kalltalsperre sowie Kallbrück das weitere Angriffsziel darstellen. Die beiden anderen Stoßkeile gehen von Zweifall aus durch das Wehebachtal (Rote und Weiße Wehe) mit Zielrichtung Hürtgen und durch das Gieschbachtal zum Todtenbruch (Raffelsbrand) nahe der Straßenkreuzung Jägerhaus.

Bei Paustenbach gerät der Vorstoß schnell ins Stocken, denn die dortigen Westwallbunker sind im Gegensatz zu den Verteidigungsanlagen im Aachener Raum nicht nur in besserem Zustand, sondern auch voll gefechtsfähig und ausreichend mit Waffen und Munition versorgt. Es entbrennen heftige Kämpfe um die Bunker.

III. Kapitel

So beginnt die Hürtgenwald-Schlacht

20. September 1944 (Mi)

Der amerikanische Angriff in Richtung Hürtgen und Paustenbacher Höhe kommt nur schleppend voran. Anfangserfolge stellen sich nur für die beiden aus Zweifall vorgehenden Bataillone ein. Im Gieschbachtal sind die meisten Bunker von den Deutschen nicht besetzt, so daß das Angriffsziel hier überraschend schnell erreicht wird: vor Einbruch der Dunkelheit stehen amerikanische Panzerspitzen und Infanterie am Rande des Todtenbruchs.

Straßenkämpfe toben in Stolberg, wo die Amerikaner verstärkt ihre Luftwaffe – Lightning-Bomber und Jagdbomber (Jabos genannt) – einsetzen. Ansonsten ist es um Aachen verhältnismäßig ruhig.

Im Norden stoßen die Amerikaner von Gangelt aus auf Geilenkirchen vor, erreichen das Waldgebiet südlich von Waldenrath, werden dann aber bei Bauchem von Einheiten der 183. Volksgrenadier-Division gestoppt.

21. September 1944 (Do)

In Stolberg dauern die Kämpfe an, verlieren aber im Laufe des Tages an Heftigkeit. Die Verteidiger gewinnen langsam den Eindruck, daß die Amerikaner eine „Denkpause" einlegen, da ihnen südlich von Aachen, im „Stolberg-Korridor", auf Anhieb der Durchbruch nicht gelungen ist und die Deutschen gerade hier frische Reserven zur Verfügung haben.

Bei den Kriegshistorikern gilt der 21. September als der Termin für das Ende der „Ersten Aachen-Schlacht". Die zweite findet vom 2. bis 21. Oktober statt und endet mit der Besetzung der Stadt.

Der vor einigen Tagen seines Kommandos enthobene Graf von Schwerin muß sich in Münstereifel vor dem Armeeoberkommando verantworten. Da man ihm mit Ausnahme des Briefes an die Amerikaner nichts vorwerfen kann, schlägt der Generalrichter dem Oberbefehlshaber der Westfront, Generalfeldmarschall Gerd von Rundstedt, vor, das Verfahren niederzuschlagen. Rundstedts diesbezügliche Empfehlung bringt Adolf Hitler jedoch erst recht in Rage, so daß Schwerin schließlich doch noch vor das Reichskriegsgericht zitiert wird, das ihn am 13. November freispricht. Ende April gerät er - inzwischen sogar zum General der Panzertruppen befördert - in Italien in britische Gefangenschaft.

Sein Vorgesetzter an der Aachen-Front, Generalleutnant Friedrich August Schack, der ihm stets im Rahmen seiner Möglichkeiten den Rücken freigehalten hatte, ist deswegen selbst in Ungnade gefallen und wird an diesem 21. September als Befehlshaber des LXXXI. Armeekorps seines Kommandos enthoben. Sein Nachfolger ist der Infanteriegeneral Friedrich Köchling.

Amerikanische „Säuberungsarbeiten" in Stolberg. Der Panzerschütze sucht die Ruinen nach versteckten deutschen Soldaten ab.

22. September 1944 (Fr)

Im Monschauer Land sind die Deutschen Herr der Lage, nachdem sich die Amerikaner überraschend aus Konzen und Imgenbroich auf die dahinterliegenden Höhenzüge bis nach Mützenich zurückgezogen haben. Es bleibt bis auf einige Spähtruppunternehmen ruhig.

Im Raum Schevenhütte inszenieren die Deutschen energische Gegenangriffe, um den US-Verbänden ein weiteres Vordringen ins Wehebachtal zu verwehren. Tatsächlich stoppen diese ihren Angriff.

Im Todtenbruch erleiden die in Waldkämpfen unerfahrenen Amerikaner schwerste Verluste, da sie vergebens gegen die gut ausgebauten Bunkerstellungen der Wehrmacht anrennen. Einige dieser Bunker wechseln mehrfach den Besitzer, bleiben aber letztlich in deutscher Hand.

23. September 1944 (Sa)

Bei Schevenhütte verstärken die Deutschen ihre Abwehrfront durch Sturmgeschütz-Brigaden und den Abzug von Infanterieeinheiten aus der Gegend um Losheim.

Die Amerikaner behaupten ihre Stellungen im Aachener Raum und beschränken ihre Kampfhandlungen auf Luftangriffe und Artillerieeinsatz. So liegen langsam auch die Stadt Aachen selbst und die größeren Gemeinden im Umfeld unter Beschuß. Die nicht evakuierten Bürger werden mehr und mehr in ihren Kellern festgehalten.

Die Passivität der Angreifer ist nicht zuletzt auf Nachschubprobleme zurückzuführen. Da die Deutschen immer noch den Hafen von Antwerpen durch Brückenköpfe an der Scheldemündung kontrollieren, müssen die Alliierten nicht nur auf Häfen mit weit geringerer Kapazität zurückgreifen, sondern Personal, Waffen und Munition gleichzeitig auch über lange Wege durch Frankreich und Belgien transportieren. Der allzu schnelle Vormarsch Ende August/Anfang September fordert seinen Tribut.

Auf dem Schlachtfeld Hürtgenwald ist der Bereich Todtenbruch weiterhin umkämpft.

Im Bereich Hürtgenwald sind schwere Kämpfe entbrannt. Amerikanische 10,5-cm-Haubitze im Einsatz

24. September 1944 (So)

Nach dem Abschluß der Ersten Aachen-Schlacht ziehen beide Seiten eine verheerende Zwischenbilanz. Die deutschen Verbände sind auf etwa die Hälfte, teilweise sogar auf ein Drittel ihrer ursprünglichen Stärke geschrumpft, und die 1. US-Armee verliert durch Tod, Verwundung oder Gefangenschaft 20 000 ihrer 300 000 Mann.

Die Amerikaner nutzen die Ruhe an der Front zu einer Umgruppierung ihrer Streitkräfte.

Nach dem Scheitern des geplanten schnellen Durchbruchs nördlich und südlich von Aachen zur Rheinebene haben die Oberbefehlshaber Dwight D. Eisenhower unterstehenden Armeekommandeure die Umzingelung Aachens beschlossen.

Die 9. US-Armee unter General Simpson ist nach der Einnahme des französischen Hafens Brest (über den jetzt die Nachschubkolonnen von England zum Kontinent verstärkt laufen) frei und wird zwischen die 1. und 3. Armee eingeschoben, so daß nach Norden, wo der Durchstoß durch den Westwall zur Umzingelung Aachens bei Übach-Palenberg festgesetzt ist, weitere Verbände verschoben werden können.

25. September 1944 (Mo)

Auch die Verteidiger nutzen die Kampfruhe, um erneut Verstärkungen an die Front zu führen. General Köchling, Kommandeur des LXXXI. Armeekorps, verfügt über vier Divisionen mit zusammen fast 18 000 Mann, die ausnahmslos bereits Fronterfahrung besitzen, aber nichtsdestoweniger bis auf eine nicht über ihre Sollstärke verfügen.

Im nördlichen Aachener Kreisgebiet deutet sich die bevorstehende US-Offensive durch verstärkten Artilleriebeschuß an.

Generalmajor Joe Lawton Collins, Kommandeur des VII. US-Korps, das südlich von Aachen den Westwall durchbrach. Collins galt als Draufgänger und hatte sich bereits im Pazifikkrieg erste Sporen verdient.

26. September 1944 (Di)

Im Raum Übach-Palenberg werden die Westwallbefestigungen mit schwerem Wirkungsfeuer durch Artillerie und Sturmgeschütze belegt, das bis zum Angriffstermin 2. Oktober kaum mehr abflaut und durch Luftwaffeneinsätze noch von Tag zu Tag verstärkt wird. Im Gefechtsabschnitt Hürtgenwald erreichen die Amerikaner Jägerhaus an der heutigen B 399 zwischen Germeter und Lammersdorf und versuchen einen Vorstoß Richtung Kalltal, ohne größere Geländegewinne zu erzielen.

Die im sumpfigen Waldgebiet des Todtenbruch festliegende 9. Infanterie-Division versucht nach Westen Verbindung mit den Jägerhaus-Besetzern aufzunehmen, was erst drei Tage später gelingt.

Amerikanischer Schaufelpanzer im Einsatz. Mit diesen Spezialgeräten baggerten die Angreifer die deutschen Westwallbunker regelrecht zu.

27. September 1944 (Mi)

In Aachen wird die Zwangsevakuierung der Bevölkerung verstärkt fortgesetzt, zumal die Amerikaner inzwischen in die Stadtrandgebiete eingedrungen sind. Die Hauptkampflinie verläuft von Forst südlich des Bahndamms bei Rothe Erde nach Branderhof und von dort Richtung Südwesten entlang des Waldrands nach Ronheide und Grundhaus (Lütticher Straße).

Die Versorgung mit Elektrizität, Gas und Wasser ist bereits unterbrochen.

28. September 1944 (Do)

Die Hürtgenwald-Front gerät etwas in Bewegung. Die Amerikaner verstärken ihre Bemühungen, die Paustenbacher Höhe bei Lammersdorf in ihren Besitz zu bringen, die sie seit dem 19. September täglich unter hohen Verlusten berannt haben.

Die Hauptkampflinie verläuft in diesen Tagen von Stolberg-Süd nördlich von Mausbach bis kurz vor Gressenich und östlich von Schevenhütte nach Süden durchs Wehebachtal, von dort hinauf nach Lammersdorf, weiter westlich Konzen und Imgenbroich nach Süden. Monschau, Höfen, Alzen und Kalterherberg sind bereits in amerikanischer Hand.

An der geplanten Durchbruchstelle bei Übach-Palenberg wird eine amerikanische Eliteeinheit, die kampferprobte 30. Infanterie-Division, die von General Leland Hobbs befehligt wird, herangeführt. Sie hat sich ihre Sporen bei einer kritischen Situation in der Normandie verdient und nennt sich seither „Roosevelts Schlächter“ (nach dem amtierenden US-Präsidenten).

Diese Truppe mit dem furchteinflössenden Namen hat Würselen als Angriffsziel, wo die Vereinigung mit der aus Aachens Südosten vorstoßenden 1. Infanterie-Division erfolgen soll. Dieser Großverband gilt als der erfahrenste überhaupt und trägt ebenfalls einen schmückenden Beinamen: „The Big Red One“ (die große rote Eins), genannt nach der roten Ziffer „1“ im Divisionsabzeichen auf dem rechten Ärmel.

29. September 1944 (Fr)

Ein erfolgreicher Tag für die Amerikaner im Hürtgenwald. Zwischen Todtenbruch und Jägerhaus ist die umkämpfte Verbindung hergestellt.

Wenig später werden die letzten deutschen Bunkerbesatzungen auf der Paustenbacher Höhe ausgeschaltet oder gefangengenommen. Jetzt liegt nicht nur Rollesbroich im Blickfeld, sondern auch der Weg nach Simmerath ist frei. Dort rücken die Amerikaner noch vor Einbruch der Dunkelheit ein.

Das Oberkommando der deutschen Heeresgruppe B zieht Bilanz: Seit der Invasion der Alliierten am 6. Juni hat die deutsche Wehrmacht im Westen 600 000 Mann verloren.

30. September 1944 (Sa)

Rund um Aachen wissen die Deutschen natürlich längst, was sich auf der gegnerischen Seite zusammenbraut. Als Gegenmaßnahme wird die abgekämpfte und stark dezimierte 112. Panzer-Division durch die in der Tschechoslowakei neu formierte 246. Volksgrenadier-Division ersetzt, deren Befehlshaber Oberst Gerhard Wilck ist.

Zum Kampfkommandanten von Aachen wird Oberstleutnant und Regimentskommandeur Max Leyherr ernannt. Er richtet seinen Gefechtsstand in der Rolandstraße (parallel zur Krefelder Straße zwischen dem Alleenring und der Soers) ein. Eine Woche später, am 8. Oktober, wechselt er in den Quellenhof.

Ein amerikanischer Infanterist beobachtet aus sicherer Deckung Straßenkämpfe in Aachen.

1. Oktober 1944 (So)

Die Ruhe vor dem Sturm. Aachen ist bis auf wenige tausend Bewohner, die sich wegen Dauerbeschusses meist nur noch in Bunkern aufhalten können, evakuiert.

Im Hürtgenwald haben die Deutschen die zuletzt wenig ereignisreichen Tage im Bereich Wehebachtal und Todtenbruch-Raffelsbrand genutzt, um ihre Stellungen auszubauen. Aus notdürftigen Deckungslöchern werden von Baumstämmen getragene Kampfstände mit Verbindungsgräben. Dazu gehören Stacheldrahtfallen im unwegsamen Gestrüpp zerborstener Bäume und vor allem natürlich Minenfelder.

Frontverlauf im Raum Aachen zu Beginn der 2. Aachen-Schlacht

IV. Kapitel

Auch bei Palenberg wird der Westwall „geknackt“: Die Zange um Aachen beginnt sich zu schließen

2. Oktober 1944 (Mo)

Im Norden leiten die Amerikaner mit ihrem Westwall-Durchbruch westlich von Palenberg auf einem schmalen Streifen zwischen Marienberg und Rimburg die „Zweite Aachen-Schlacht“ ein. Nach mörderischem Artillerie-Trommelfeuer tauchen Bombergeschwader am Himmel auf. In verschiedenen Staffeln entleeren etwa 300 Maschinen ihre Bombenschächte, doch die in ihren Gräben zum Angriff bereiten Bodentruppen sind entsetzt: die meisten der Sprengkörper verfehlen ihr Ziel - die Westwallbunker. Statt dessen wird die Landschaft „umgepflügt“, was für die angreifende Truppe eher ein Hindernis darstellt.

Das Fiasko ist komplett, als sich eine der Staffeln derartig verfliegt, daß sie ihre Bomben über dem belgischen Genk statt bei Palenberg abwirft, weil die Navigatoren den Albert-Kanal für die Wurm halten. Über 30 Zivilisten kommen dabei ums Leben.

Noch einmal inszenieren die Amerikaner mit Granatwerfern einen wahren Feuerzauber, dann kommt der Befehl zum Angriff. Unter schweren Verlusten (insgesamt 300 Gefallene an diesem Tag) überqueren die GIs die Wurm, knacken Bunker mit Flammenwerfern, lassen sich in Nahkämpfe bei Schloß Rimburg (Wohnsitz der Familie von Brauchitsch) verwickeln und erreichen schließlich noch vor Dunkelheit die westlichen und südlichen Bezirke von Palenberg.

„Roosevelts Schlächter“ haben auf 1500 Metern Breite einen 300 Meter tiefen Wurm-Brückenkopf bilden können.

3. Oktober 1944 (Di)

An der Westwall-Einbruchstelle zwischen Marienberg und Rimburg ist auch in der Nacht keine Ruhe eingekehrt. Die Amerikaner haben das Gelände vor ihrem Brückenkopf pausenlos weiter mit Artillerie und Mörsern beschossen, die Deutschen starteten von Palenberg aus einen Gegenangriff, um die Amerikaner wieder über die Wurm zu werfen, kommen aber nur wenige hundert Meter weit.

Amerikanische Pioniere konnten unbemerkt vom Gegner bei Marienberg eine Behelfsbrücke bauen, auf der Panzer in den Brückenkopf rollen. Mit deren Hilfe werden einige Bunker „geknackt“, bevor die Deutschen ihre zurückweichenden Einheiten neu formieren und die Amerikaner nach einem Kilometer Vormarsch stoppen. „Roosevelts Schlächter“ erleiden dabei hohe Verluste.

Im Laufe des Tages rücken die Amerikaner schließlich doch noch über Palenberg weiter vor und erreichen am Abend Übach.

Ein Zug deutscher Gefangener wird durch die ausgebrannten Ruinen von Übach geführt.

4. Oktober 1944 (Mi)

Mitten in der Nacht, kurz nach 3 Uhr, bricht ein Gegenangriff der inzwischen durch Infanterie und Sturmgeschütze verstärkten deutschen Verteidiger los, der die Amerikaner überrascht. In dem ohnehin schon total zerstörten Übach toben stundenlang heftige Straßenkämpfe, aber noch vor Morgengrauen stockt der deutsche Angriff.

Später versuchen die Deutschen noch einmal, den Gegner aus Übach zu vertreiben, doch dieser kann zusätzliche Panzerverbände einsetzen und geht selbst wieder zum Angriff über. Nachmittags ist Übach in amerikanischer Hand. Die Panzer stehen am Abend sogar dicht vor Beggendorf.

Aber der Preis für diesen (entscheidenden) Vorstoß über die Wurm ist hoch: Seit dem 2. Oktober hat die 30. US-Division über 1700 Mann verloren.

Im Hürtgenwald übernimmt die 9. US-Infanterie-Division wieder die Initiative. Zunächst sind Spähtrupps im Einsatz, dann folgt starkes Artillerie-Vorbereitungsfeuer von Zweifall aus auf den Raum Germeter/Vossenack. Ziele sind zum einen Germeter, zum anderen die mit Bunkern gespickte Gegend am „Ochsenkopf", wo die L 160 (von Rollesbroich/Kallbrück her) auf die B 399 stößt. Hier hofft man die Deutschen von ihrer Hauptnachschublinie Düren abschneiden zu können.

5. Oktober 1944 (Do)

Kein sonderlich ereignisreicher Tag. Im Norden gibt es nur schwache Vorstöße der Amerikaner von Übach aus in Richtung Herzogenrath und Merkstein-Hofstadt. Die Deutschen nehmen Übach unter Artilleriebeschuß, obschon die Verbände zu schwach sind, um noch einmal einen Gegenangriff zu wagen.

General Köchling zieht zwei Grenadier-Regimenter aus Aachen ab und verstärkt mit ihnen die nur mühsam gehaltene Hauptkampflinie Beggendorf-Übach. An deren Stelle wird ein schlecht ausgerüstetes Bataillon eingeschoben, das im Endkampf um die Kaiserstadt keine Rolle mehr spielen wird. Immerhin erreicht die Aachen-Kämpfer aber ein größerer Transport an Munition.

6. Oktober 1944 (Fr)

Die Frontlinie Baesweiler-Alsdorf-Merkstein (Hofstadt) bekommt hohen deutschen Besuch: Generalfeldmarschall Gerd von Rundstedt (Oberkommandierender an der West-Front), Generalfeldmarschall Walter Model (Befehlshaber Heeresgruppe B) und General der Panzertruppen Erich Brandenberger wollen sich vor Ort ein Bild von der Situation im Kampfbereich Aachen machen.

Aus sicherer Distanz können sie schwere Kämpfe im Nordkreis beobachten, wo die Deutschen einen zunächst sehr erfolgreichen Entlastungsangriff starten: in der Bunkerlinie vor Alsdorf und Merkstein treiben sie die Amerikaner zurück. Diese flüchten teilweise in die am Vortag gewonnenen Betonklötze und werden dort gefangengenommen. Gleichzeitig tauchen überraschend deutsche Bombergeschwader auf und werfen ihre Last im Raum Palenberg ab, ohne die US-Nachschublinien nachhaltig unterbrechen zu können.

Im Laufe des Tages wird der deutsche Vorstoß gestoppt, weil die Amerikaner neue Panzer an die Front bringen. Hinter den Panzerspitzen stoßen Infanterieeinheiten vor, die noch bis zum Abend Frelenberg, Beggendorf und Boscheln (heute Stadtteil von Übach-Palenberg) nehmen und mehr als 1000 Gefangene machen.

Im Wehebachtal starten die Amerikaner am Vormittag ihren seit Tagen vorbereiteten Angriff auf den Raum Hürtgen-Germeter. Im dichten Wald aber sind die Verteidiger trotz erheblicher Unterzahl im Vorteil, wobei sich die Schanzarbeiten der vergangenen Tage nun auszahlen: Bald kommt der US-Angriff unter erheblichen Verlusten im Dickicht am Osthang des Wehebachtals zum Stehen. Auch der Parallelvorstoß der Amerikaner aus dem Todtenbruch heraus ins obere Tal der Weißen Wehe bringt keinen nennenswerten Geländegewinn.

7. Oktober 1944 (Sa)

Im Hürtgenwald toben die Kämpfe ohne Panzereinsatz weiter. Die Amerikaner können aus dem oberen Wehebachtal heraus bis nahe Germeter vorstoßen, werden dann aber wieder zurückgedrängt. So geht auch dieser Tag zu Ende, ohne daß der groß angelegte US-Angriff entscheidende Erfolge bringt.

Dafür kommen die US-Verbände im Norden um so besser voran. Panzerkeile durchbrechen die deutsche Front bei Merkstein und haben mittags bereits Alsdorf in Besitz. Die Deutschen befinden sich auf breiter Linie im Rückzug.

Die damalige Reichsstraße 57 (heute B 57) ist nicht nur in Alsdorf als Nachschubweg verlorengegangen, sondern auch in dem ebenfalls ohne nennenswerte Gegenwehr gestürmten Baesweiler und Oidtweiler.

Aachen ist nunmehr nach Norden schon abgeriegelt und nur noch über die heutige B 1 von Osten her (aus dem Raum Jülich) erreichbar. Die Umzingelung der Kaiserstadt geht dem Ende entgegen.

Amerikanische Infanteristen patroullieren am 7. Oktober über die Alsdorfer Bahnhofstraße.

Amerikanische Panzer feuern auf Breinigerberg.

8. Oktober 1944 (So)

Unbeeindruckt von einem Gegenstoß, bei dem die Deutschen Teile von Alsdorf vorübergehend zurückgewinnen, stoßen die amerikanischen Panzerspitzen Richtung Würselen vor. Von Merkstein aus rückt ein Infanterieregiment in Herzogenrath ein, wo die Straßen stark vermint sind. Pioniereinheiten brauchen nahezu drei Stunden, um den Weg für die Kampftruppen freizumachen. Immerhin erreichen die Amerikaner schon mittags durch den Wald vordringend den Ortsrand von Niederbardenberg.

Ein anderes Regiment geht durch den Wald und das Tal von Noppenberg auf Birk und Euchen vor. Bei einigen Westwallbunkern im Bereich Duffesheide stockt zwar der Angriff vorübergehend und es gibt auch hohe Verluste für die Angreifer, aber am Abend ist die Reichsstraße 57 (B 57) zwischen Alsdorf-Ofden und Duffesheide erreicht.

Ein drittes Regiment nimmt Kellersberg und rückt entlang der Bahnlinie in Richtung Mariadorf vor.

Gleichzeitig setzt Generalmajor Clarence C. Huebner seine „Big Red One“ aus dem südöstlichen Aachener Frontabschnitt in Bewegung. Verlautenheide wird im Handstreich genommen, wenig später stehen die Amerikaner auf dem Haarberg (Kaninsberg) oberhalb von Haaren. Das dortige riesige Steinkreuz kracht tags darauf in sich zusammen. Bis heute ist nicht geklärt, wer den Einsturz herbeiführte: entweder amerikanische Artillerie oder ein deutsches Sprengkommando, weil es den Jabo- und Bomberfliegern als Orientierungspunkt diente.

Weiter östlich bereiten die Amerikaner einen eventuellen schnellen Vorstoß über die Rur vor, indem sie Linnich mit einem Bombenteppich schwer verwüsten und Aldenhoven fast total mit ungestört operierenden Bombengeschwadern dem Erdboden gleichmachen. Auch Jülich, das schon zwei Tage zuvor schwer getroffen worden war, ist erneut Ziel der Bomber.

Vor Germeter kämpfen sich die Amerikaner Versorgungswege durchs Wehebachtal frei, so daß ab sofort Panzer ins Geschehen eingreifen können.

9. Oktober 1944 (Mo)

Noch in der Nacht erreichen die US-Infanteristen auch den zweiten wichtigen Höhenstützpunkt im Osten der Soers, den Würselener Ravelsberg. Er wird noch für einige Wochen heiß umkämpft sein.

Von Norden her nehmen die Amerikaner Pley und Niederbardenberg und haben auch keine Schwierigkeiten, nachmittags über Bardenberg die ersten Häuser von Würselen zu erreichen. Hier, im Stadtteil Morsbach, stoßen sie abends auf heftiges deutsches Abwehrfeuer. Von Osten her rücken die Amerikaner ebenfalls gegen Bardenberg vor, wo sich im Bereich des Friedhofs verlustreiche Kämpfe entwickeln. Vor Euchen kommt es zu Panzerkämpfen und bei Birk sind die Deutschen mit einem Flankengegenstoß erfolgreich, so daß die in Morsbach stehenden Amerikaner praktisch abgeschnitten sind.

Im Südosten von Aachen versuchen sich die Amerikaner Richtung Stadtkern vorzukämpfen, stoßen am Bahnhof Rothe Erde auf heftigen Widerstand, können jedoch Eilendorf besetzen.

Am Abend dröhnt ein riesiger, am Waldrand installierter Lautsprecher über Aachen. Den Verteidigern wird kundgetan, daß die Amerikaner tags darauf ein Ultimatum übergeben wollen. Der Text wird verlesen, geht aber im Kampfeslärm unter.

Stunden zuvor ist in der Hürtgenwald-Schlacht oberhalb des Wehebachtals Richelskaul der größte Teil von Germeter und Wittscheidt in amerikanische Hand gefallen.

10. Oktober 1944 (Di)

Drei amerikanische Parlamentäre mit weißer Fahne marschieren am Vormittag über Trierer Straße, Adalbertsteinweg und Kaiserplatz zum Hotel „Quellenhof" und überreichen dem Kampfkommandanten von Aachen, Oberstleutnant Leyherr, das angekündigte Ultimatum, das bereits vorher als Flugblatt in Tausenden von Exemplaren über der ganzen Stadt abgeworfen worden war.

Das Ultimatum hat folgenden Wortlaut (wobei gleich aus dem ersten Satz ersichtlich wird, daß die Amerikaner den Gegner einschüchtern wollen):

„Die amerikanischen Streitkräfte haben Aachen jetzt völlig umzingelt. Ihnen stehen genügend Bombenflugzeuge und Artilleriestücke zur Verfügung, um die Stadt, wenn nötig, restlos zu vernichten. Die Stadt wird von uns genommen - entweder durch sofortige bedingungslose Übergabe oder durch rücksichtslosen Sturmangriff.

Bedingslose Übergabe bedeutet die Übergabe aller bewaffneten Einheiten, die Einstellung aller und jeglicher feindseligen Handlungen, die Entfernung aller Minen und vorbereiteten Explosivkörper. Es ist nicht unsere Absicht, uns an der Zivilbevölkerung zu vergreifen oder unnötig Menschenleben zu opfern. Sollte aber die Stadt sich nicht sofort bedingungslos ergeben, so werden die amerikanischen Land- und Luftstreitkräfte sie durch rücksichtslose Bomben- und Artillerieangriffe zur Unterwerfung zwingen.

Kurz: Es gibt keinen „Mittelweg". Entweder Sie übergeben die Stadt mit Ihrem jetzigen Bestande bedingungslos und vermeiden dadurch den sinnlosen Verlust an deutschem Leben und Eigentum, oder Sie weigern sich und sehen der völligen Vernichtung entgegen. Die Wahl und die Verantwortung liegen bei Ihnen.

Ihre Antwort ist innerhalb 24 Stunden an dem Platz zu überreichen, der von dem Überbringer dieses Dokuments bezeichnet wird."

Auf der Rückseite des Flugblatts wenden sich die Amerikaner noch einmal speziell an die Bevölkerung. Dies verfehlt die Wirkung nicht, denn eine Abordnung von Bürgern unter Führung des Fabrikanten Albert Heusch sucht den Stadtkommandanten Leyherr auf und will ihn zur Übergabe bewegen, doch dieser hat bereits den Parlamentären gegenüber die bedingungslose Kapitulation getreu dem Führer-Motto, Aachen bis zum letzten Mann und zur letzten Patrone zu verteidigen, abgelehnt.

Im Südosten der Stadt rückt die 1. US-Infanterie-Division weiter vor und nimmt den Bahnhof Rothe Erde in Besitz. Der Kaninsberg wechselt unter verlustreichen Kämpfen mehrmals den Besitzer, fällt aber schließlich endgültig an die Amerikaner. Um die drohende Umzingelung Aachens zu verhindern, werfen die Deutschen ihre letzten Reserven und aus anderen Frontabschnitten herausgezogene Einheiten in den Bereich Würselen/Bardenberg und erobern Bardenberg zurück, obwohl ein amerikanischer Flankenangriff schwerste Verluste verursacht. Am frühen Morgen haben die Amerikaner Birk im Handstreich genommen und zahlreiche Gefangene gemacht. Auch Ofden fällt, so daß die Amerikaner jetzt für einige Zeit eine Frontlinie von Alsdorf-Schleibach nach Birk halten.

Zu den in Würselen eingesetzten Reserven gehört auch das 1. SS-Bataillon der 1. SS-Panzer-Division „Leibstandarte Adolf Hitler“ unter Kommandeur Rink, das den Fall von Aachen entscheidend hinauszögern wird.
Die Gemeinde Germeter ist jetzt fest in amerikanischer Hand.

11. Oktober 1944 (Mi)

Wie im Ultimatum vom Vortag (bedingungslose Kapitulation Aachens) angedroht, tauchen 24 Stunden nach dem Ablauf die ersten Bombergeschwader über der Stadt auf. Gleichzeitig schießt die US-Artillerie aus allen Rohren. Über die ohnehin schon geschundene Stadt geht ein wahrer Bomben- und Granatenhagel nieder. Betroffen sind vor allem die nordwestlichen Bereiche (Lousberg, Westbahnhof, TH-Viertel) und das Ostviertel, bei einem zweiten Angriff nachmittags die Industriebereiche im Nordosten.

Am Abend wird die an allen Ecken brennende und restlos verwüstete Stadt erneut vom Superlautsprecher am Waldrand „beschallt“: Morgen soll das Bombardement weitergehen, drohen die Amerikaner.

Inzwischen werden die Kämpfe um die endgültige Schließung des Ringes um Aachen immer heftiger. Mit massiver Luftunterstützung können die Amerikaner das am Vortag verlorene Bardenberg zurückerobern und von dort weiter Richtung Würselen (Stadtteil Morsbach mit Zeche Gouley) vorstoßen.

Auch westlich von Bardenberg wird durchs Wurmtal der Druck auf Würselen verstärkt, wobei die Amerikaner hohe Verluste erleiden.

Von Würselen her kann das zur Entlastung von Aachen herangeführte, in den Kämpfen des Vortages aber schon stark dezimierte SS-Bataillon Rink noch abends die Stadt erreichen.

An der Front im Hürtgenwald gibt es wenig Bewegung. Hart gekämpft wird nur im Bereich des Peterbergs, einer Anhöhe zwischen Todtenbruch und dem Kalltal, die mit Bunkern gespickt ist und von den Deutschen zunächst erfolgreich verteidigt werden kann.

V. Kapitel

Der Endkampf um Aachen

12. Oktober 1944 (Do)

Die Amerikaner machen ihre Drohung vom Vortag wahr: Aachen wird erneut bombardiert und beschossen. Die Bodentruppen rücken gleichzeitig immer näher gegen den Stadtkern vor.

Aachens Kampfkommandant, Oberstleutnant Max Leyherr, wird seines Postens enthoben.

Entscheidend für diese Maßnahme ist weniger militärisches Versagen als vielmehr die Tatsache, daß Leyherr bei den Nazi-Oberen schon lange in der „Schußlinie" stand: er ist der Schwiegersohn des ehemaligen Heeres-Generalstabschefs Franz Halder, der im Rahmen der Säuberungswelle nach dem Attentat auf Adolf Hitler am 20. Juli mit seiner Familie in ein Konzentrationslager verschleppt worden war.

Leyherr wurde noch rechtzeitig aus dem sich schließenden Kessel um Aachen herausgebracht und fiel kurz vor Kriegsende in Süddeutschland.

Zu seinem Nachfolger wird mit Divisionskommandeur Oberst Gerhard Wilck (49) ein kampferprobter Befehlshaber ernannt. Noch gerade 2000 Mann hat er zur Verfügung, um Hitlers und Models Durchhaltebefehle auszuführen.

Noch am Vortag hat Wilck seinen Vorgesetzten Walter Model vergeblich zu überzeugen versucht, den sinnlosen Kampf um Aachen aufzugeben.

In der Nacht greifen starke amerikanische Panzerverbände der „Big Red One" von Süden her Würselen an und besetzen den Ravelsberg. Auch von Bardenberg her und aus dem Wurmtal dringt die Infanterie immer weiter vor. In Würselen-Morsbach können sich die Amerikaner nur mit Aufbietung aller Kräfte behaupten. Die EBV-Zeche Gouley bleibt dabei in ihrer Hand.

Östlich hält der Druck der Deutschen, die die Reichsstraße 57 entsetzen wollen, auf Birk und Euchen an. Die noch nicht besetzten Gemeinden in der nächsten Umgebung Aachens wie Kohlscheid und Richterich liegen unter pausenlosem schwerem Artilleriefeuer der Amerikaner.

Im Hürtgenwald versuchen die Deutschen einen Gegenangriff von Wittscheidt aus in Richtung Wehebachtal, der am Abend von den Amerikanern zum Stehen gebracht wird.

Amerikanische Infanterie dringt immer weiter in Aachens Stadtkern vor. Hier eine Kampfszene an der Straßenkreuzung Kaiserallee (heutige Oppenhoffallee), Lothringer Straße, Zollernstraße und Schloßstraße.

13. Oktober 1944 (Fr)

Der Ravelsberg wird von den Amerikanern gegen heftige deutsche Angriffe verteidigt. Mit letzter Kraft wehren sich die Wehrmachtsverbände gegen die drohende Umzingelung Aachens. In Würselen-Morsbach toben heftige Kämpfe mit wechselseitigem Erfolg. Die dort eingesetzten SS-Einheiten der „Kampfgruppe Diefenthal" können die amerikanischen Vorstöße auf die Robert-Ley-Siedlung immer wieder parieren.

Währenddessen greifen die Amerikaner in die „Trickkiste": die „Rangers" werden eingeschleust. Diese Spezialtruppe bestand im Gegensatz zu den rein militärisch eingesetzten deutschen „Brandenburgern" oder den britischen „Commands" aus Freiwilligen, die sich nicht selten aus der Unterwelt der Großstädte rekrutierten und sich teilweise Kampfmethoden bedienten, die mit dem militärischen Ehrenkodex (falls es diesen überhaupt gegeben hat) kaum zu vereinbaren waren.

Die „Rangers" waren nicht nur rundum perfekt ausgebildet, sie sprachen auch fließend die Sprache des Landes, in dem sie eingesetzt wurden. Einige von ihnen beherrschten sogar den jeweiligen Dialekt. Beispiele dafür gab es nicht nur in Aachen, sondern auch in Bardenberg und Kohlscheid. Dort hatten sich im November 1944 „normale" amerikanische Soldaten in einem bewohnten Zweifamilienhaus niedergelassen und sehr engen, ja sogar freundschaftlichen Kontakt zu ihren „Gastgebern" gefunden. Als der heranwachsende Sohn seine Mutter in Plattdeutsch einmal fragte: „Wo hängt et Handoch?", antwortete einer der Amerikaner trocken: „Et Handoch hängt henger de Döör".

Am Abend dieses Freitags, dem 13., werden mehrere Züge der „Rangers" bei einem Scheinangriff hinter die deutsche Abwehrlinie im Stadtbereich von Aachen geschleust. Sie tragen deutsche Uniformen und bewegen sich in der Folge ungeniert, helfen sogar auf Anweisung eines „echten" deutschen Feldwebels bei der Trümmerbeseitigung. Bei einem mörderischen Überfall mit schweren Maschinengewehren aus dem Hinterhalt knacken sie eine deutsche Schlüsselstellung im Nordosten und ebnen so den Weg für die Umzingelung der Stadt.

Aachen ist dadurch nur noch über einen schmalen Korridor im Süden Würselens, durch die Wolfsfurt und Soers, zu erreichen, wo sich auch ein neuer Waffen-SS-Verband unter Major Heimann bei Nacht durchschlägt.

Aus dem Ostviertel ist eine Panzereinheit überraschend bis zu Oberst Wilcks Gefechtsstand „Quellenhof" vorgestoßen, zieht sich aber später wieder zurück.

14. Oktober 1944 (Sa)

Der am 5. Oktober nach Aachen durchgeschleuste Nachschub an Munition, Sprengmitteln und Benzin ist bereits verbraucht und ein letzter Versuch, nachts noch ein paar LkW durch den immer enger werdenden Durchschlupf in der Soers zu bringen, scheitert.

Jetzt versucht die deutsche Luftwaffe, ihre fast eingeschlossenen Kameraden aus der Luft zu versorgen. Aber wenn überhaupt einmal eine Maschine bis Aachen durchkommt, schweben die Munitionskisten am Fallschirm zumeist noch den Amerikanern in die Hände.

In Würselen bemühen sich „Roosevelts Schlächter" weiterhin vergeblich um die Vereinigung mit der 1. Division. Die Deutschen ziehen hier die zur Verteidigung Aachens vorgesehene SS-Kampfgruppe Diefenthal zurück, die sich nachts über die Wolfsfurt durchschlägt.

Am frühen Abend versuchen die Deutschen einen Entlastungsangriff über Verlautenheide und Rothe Erde auf das Aachener Ostviertel, der jedoch bald liegenbleibt.

In Germeter toben weiterhin heftige Kämpfe um verschiedene deutsche Bunkerstellungen.

Die Amerikaner setzen dabei ihre mit Bulldozzer-Schaufeln ausgestatteten Sherman-Panzer ein und baggern die Bunkerschächte einfach zu.

Nachdem Bardenberg mehrfach den Besitzer gewechselt hat, sind große Teile der Gemeinde völlig zerstört wie hier die Dorfstraße.

Auf Schloß Ensival in Verviers trifft sich an diesem Samstag die Spitzengeneralität der Alliierten und stößt bereits auf den Fall der ersten deutschen Stadt Aachen an. „Ike“ Eisenhower ist mit seinen Generälen Omar Bradley, George Patton und Courtney H. Hodges vertreten, Großbritannien durch seinen Oberfehlshaber Feldmarschall Bernard Viscount Montgomery und keinen geringeren als König George VI.

15. Oktober 1944 (So)

Aachen wird erneut schwer bombardiert. Kampfkommandant Oberst Wilck zieht die Konsequenzen aus dem amerikanischen Panzervorstoß vom Vortage bis zum Quellenhof und verlegt seinen Stab in den Bunker Rütscherstraße/Försterstraße (Nähe Ponttor). Die Amerikaner stoßen zum Burtscheider Markt vor und im Ostviertel über die Elsaßstraße und Stolberger Straße bis zum Gerichtsgebäude am Adalbertsteinweg.

In Burtscheid leisten sich die Amis einen brisanten Scherz: sie beladen einen Straßenbahnwagen mit erbeuteten und eigenen Granaten und setzen ihn Richtung Kapellenstraße in Bewegung. In den stark abschüssigen Kurven am Friedhof Heißberg entgleist der Wagen jedoch und explodiert, ohne die beabsichtigte Wirkung zu erzielen.

In Würselen bereiten die Amerikaner die endgültige Schließung des Ringes um Aachen vor. Stoßtrupps sondieren westlich der Wurm im Süden Kohlscheids die deutschen Linien und können von dort bereits bis zur Soers vordringen. In Würselen selbst greifen die Amerikaner mit Panzern und Infanterie das Straßen- und Bahnkreuz Elchenrath im Norden der Stadt an.

An der Hürtgenwald-Front können die Amerikaner den tagelang hart umkämpften Peterberg nahe der heutigen B 399 zwischen Todtenbruch und Kalltal nach mühsamem und verlustreichem Bunkerkampf nehmen.

Amerikanische Soldaten beladen in Aachen-Burtscheid einen Straßenbahnwagen mit Munition und setzen ihn anschließend auf abschüssiger Strecke in Bewegung.

16. Oktober 1944 (Mo)

Das Wetter hat sich seit Tagen rapide verschlechtert. Dauerregen läßt die Soldaten langsam im Schlamm der Felder und Wiesen versinken. Dazu wird es auch noch empfindlich kühl. Schon um 5 Uhr morgens belegen die Amerikaner von Bardenberg her Kohlscheid mit Granatwerferfeuer. Über zwei nachts von Pionieren errichtete Brücken stoßen Panzer und Infanterie im Morgengrauen über die Wurm vor und mittags ist nicht nur die Zechengemeinde genommen, sondern auch der weitere Vormarsch auf Richterich verläuft erfolgreich.

Gleichzeitig erfolgt der entscheidende Durchbruch durchs Wurmtal südlich von Würselen zum Ravelsberg, wo sich nachmittags um 16.15 Uhr „Roosevelts Schlächter“ und die Männer der von Südosten kommenden „Big Red One“ bei Kaisersruh die Hände schütteln: Der Ring um Aachen ist endgültig geschlossen!

Im Kampfgebiet Hürtgenwald um Raffelsbrand/Germeter flauen die Kämpfe für einige Tage ab. Die Deutschen haben sich in Wittscheidt behauptet, den Amerikanern ist es nicht gelungen, bis Vossenack durchzubrechen. Die beiderseitigen Verluste sind enorm.

17. Oktober 1944 (Di)

Am Tag nach der Einkesselung Aachens entwickeln die Deutschen keineswegs einen Plan, wie sich die auf 1500 Mann zusammengeschmolzenen Verteidiger um Gerhard Wilck aus der tödlichen Falle herausschlagen könnten.

Vielmehr kommt vom Oberkommandierenden Köchling die Order, den Ring von Weiden her an der Schwachstelle Ravelsberg wieder zu sprengen und Verstärkung in die Stadt zu schleusen. Zugleich sollen die Verteidiger ebenfalls an der gerade erst geschlossenen Ringstelle angreifen, aber keinesfalls ausbrechen. Hitlers Befehl, Aachen bis zum letzten Mann zu verteidigen, hat für die Militärs nach wie vor Gültigkeit.

Aber die Deutschen können die Verbindung nach Aachen nicht wiederherstellen, denn die Amerikaner haben über Nacht Verstärkungen herangeführt. Immerhin können sie im Gegensatz zu ihrem Feind, der die Patronen zählt, in jeder Beziehung aus dem vollen schöpfen.

Nahezu pausenlos belegt schwere Artillerie die noch nicht besetzten Stadtteile Würselens mit Feuer, denn den Angreifern ist die Nahtstelle des Schließungsrings um Aachen entschieden zu schwach. So sinken ganze Straßenzüge in Schutt und Asche.

Von überall her kämpfen sich die Amerikaner an den Stadtkern von Aachen heran. Heftige Gefechte entwickeln sich mit den SS-Männern Rinks um Quellenhof und Neues Kurhaus, die nicht gehalten werden können.

18. Oktober 1944 (Mi)

In Brüssel trifft sich die alliierte Generalität zur Festlegung der strategischen Marschroute nach der Eroberung Aachens. Oberbefehlshaber Eisenhower hat angesichts des bevorstehenden Winters und der Tatsache, daß die Angriffsziele bislang nicht erreicht worden sind, bereits eine Verlegung der geplanten Offensive aufs Frühjahr 1945 erwogen.

Beschlossen wird in Brüssel, im November das gesamte linksrheinische Gebiet vom Reichswald bis südlich Bonn zu erobern und dann im Frühjahr den Rhein zu überqueren.

Eisenhower mußte einsehen, daß die Nachschubprobleme für einen direkten großangelegten Vorstoß Richtung Berlin noch zu gravierend sind. Immer noch kontrollieren die Deutschen Antwerpen, immer noch müssen Versorgung und frische Truppen über eine Entfernung von rund 800 Kilometern an die Front gebracht werden.

In Berlin proklamiert Adolf Hitler in einer Rundfunkrede den sog. Volkssturm: In den Kampfgebieten auf deutschem Boden müssen sich alle Männer zwischen 16 und 60 Jahren melden und werden - notdürftig und völlig unzureichend ausgerüstet - in den Kampf geworfen.

Am Aachener Quellenhof halten sich immer noch deutsche Widerstandsnester, und im angrenzenden Stadtpark werden vorrückende Amerikaner von einer Handvoll SS-Soldaten niedergemacht.

Rinks zurückgehende Leute sprengen verschiedene Brücken, u.a. die Eisenbahnbrücke Schanz. In der Adalbertstraße machen die Amerikaner einen prominenten „Gefangenen“: Im Keller des Kaufhauses „Geka“ (heute steht dort der Kaufhof) hat Johannes Joseph van der Velden, seit September 1943 Bischof von Aachen, die Kampftage in Aachen überlebt.

Die Soldaten behandeln ihn nach Offiziersorder „wie einen General“, bringen ihn zunächst in die Gelbe Kaserne (heute Kennedypark), von dort mit einigen Begleitern in ein Auffanglager im belgischen Gemmenich und schließlich in ein dortiges Kloster.

19. Oktober 1944 (Do)

Aachens Kampfkommandant Oberst Wilck setzt folgende Meldung an seine Vorgesetzten ab: „Die Kampfgruppe von Aachen rüstet sich zu einem letzten Kampf. Auf engstem Raum zusammengedrängt, wird sie sich gemäß dem Befehl des Führers bis zum letzten Mann verteidigen."

Die Amerikaner haben Münsterplatz, Elisenbrunnen und Markt erreicht. Die Wilck verbliebenen 1200 Mann halten sich in einem Oval mit Zentrum Lousberg, gegen das die Amerikaner von allen Seiten, vor allem aus Richtung Soers, vorgehen.

Die deutsche Verteidigungslinie verläuft vom Sanitätsbunker Saarstraße am Ponttor über Kupferstraße, Purweider Feld, Kloster St. Raphael, Schloß Rahe in Laurensberg, Schurzelter Straße, Bahnlinie bis Westbahnhof, Turmstraße und Pontwall bis zum Bunker Saarstraße.

Schwer beschädigt, aber nicht zerstört: die gotische Chorhalle des Aachener Doms.

20. Oktober 1944 (Fr)

In Aachen entbrennen heftige Kämpfe in den Straßen des vornehmen Lousbergviertels, wohin die Deutschen zurückgedrängt werden. Mit schweren Waffen können sie sich nicht mehr wehren, denn schon tags zuvor ist ihnen die Munition ausgegangen und obendrein werden auch noch die letzten Kanonen von den Amerikanern kampfunfähig geschossen.

Oberst Rinks SS-Männer entschließen sich, einen Verwundetentransport aus der Stadt zu schleusen. Die ihnen verbliebenen Schützenpanzer, sieben an der Zahl, werden nachts mit dem Roten-Kreuz-Emblem gekennzeichnet und setzen sich morgens mit 42 Verwundeten über die Roermonder Straße in Bewegung. Am Ende des Lousbergs wird der Konvoi kurz beschossen, erreicht aber dann Laurensberg-Wildbach, wo er von einem amerikanischen Panzer aufgebracht wird. Nachdem die Amerikaner sich davon überzeugt haben, daß wirklich nur Verwundete in den Schützenpanzern transportiert werden, leitet ein anderer Panzer die Kolonne über Kohlscheid zum Bardenberger Krankenhaus, wo die SS-Männer nach Waffen untersucht werden.

Die Fahrt ist allerdings noch nicht zu Ende. Die Amis eskortieren den Konvoi nach Kerkrade und von dort über Simpelveld und Vaals ins belgische Gemmenich, wo die Männer in Gefangenschaft gehen.

Inzwischen ist Kampfkommandant Wilck noch ein Terrain von nicht mal mehr einem Qudratkilometer um seinen Bunker herum geblieben, das er zu verteidigen hat.

21. Oktober 1944 (Sa)

Der Kampf um Aachen ist zu Ende! Kurz nach Mitternacht setzt Oberst Wilck den letzten Funkspruch ab. „Wir kämpfen weiter, es lebe der Führer“ heißt es darin. Die „Insel“ um den Bunker Rütscherstraße ist am Morgen von Amerikanern umlagert. Panzer halten die letzten Deutschen in dem Betonklotz fest, bis eine 15,5-Zentimeter-Kanone herangeschafft ist, die ihn „knacken“ soll. Dann gehen zwei Parlamentäre in den Bunker und fordern Wilck zur Kapitulation auf. Dieser erbittet sich zwei Stunden Bedenkzeit und ergibt sich schließlich. Um 12.05 Uhr ist alles vorbei.

Wilck wird zum Gefechtsstand von Oberst Corley in der Nähe des Hansemannplatzes gebracht und etwas später in einem Jeep ins Gefangenenlager Henri-Chapelle gefahren.

Während in der Gegend der Laurensberger Kirche noch bis zum Nachmittag geschossen wird, gehen die letzten 1500 Soldaten in Gefangenschaft. Ein Teil befindet sich im Bunker Rütscherstraße, die anderen kommen noch aus allen möglichen Verstecken hervor, als sie vom Ende der Schlacht um Aachen erfahren. Nicht so eine Gruppe von Rinks SS-Männern, 19 an der Zahl. Sie kann sich in der folgenden Nacht über die Kampflinie Würselen zu den eigenen Reihen durchschlagen.

Rink selbst erhält im Frühjahr 1945 noch einmal ein Kommando im Ruhrgebiet.

Die in Aachen verbliebenen rund 6000 Zivilisten werden am Tage der Kapitulaltion und an den folgenden Tagen zu Fuß ins Internierungslager Brand (Lützow-Kaserne in Krummerück) geleitet, einige Gruppen auch ins belgische Barackenlager Homburg.

VI. Kapitel

Aachener Bürger im unfreiwilligen Exil

22. Oktober 1944 (So)

Im Wehrmachtsbericht wird der Fall der Stadt Aachen verschwiegen. Am Abend zuvor meldete dieser: „Nach 19 Tagen blutigen Ringens und gewaltigem Materialeinsatz auf engstem Raum zerschlugen die tapferen, aber zusammengeschmolzenen Verteidiger von Aachen auch gestern noch starke Angriffe gegen den Nordrand der Stadt, die durch das wochenlange amerikanische Artilleriefeuer und die starken Luftangriffe umfangreiche Zerstörungen erlitten hat. Um einzelne Häusergruppen tobt noch ein erbitterter Kampf Mann gegen Mann. Seit dem 10. Oktober wurden von der Besatzung 25 Feindpanzer vernichtet."

Am Tage darauf wird Aachen erst gar nicht mehr erwähnt. Im Wehrmachtsbericht vom 23. Oktober steht lediglich: „Im Raum von Würselen geht der erbitterte Kampf um Bunkerstellungen weiter. Durch eigene Gegenangriffe wurde der Feind aus mehreren Bunkergruppen wieder geworfen, Gefangene eingebracht und eingeschlossene eigene Besatzungen wieder befreit."

Im Hürtgenwald herrscht die Ruhe vor dem Sturm. Deutsche Feldposten beobachten eine kontinuierliche Truppenverschiebung aus dem Raum Wahlerscheid, Alzen und Rohren Richtung Norden: am 2. November soll die amerikanische Offensive bei Germeter/Vossenack beginnen.

Zu den internierten Aachener Zivilisten gehört Pfarrer Ernst Wilhelm Nusselein (damals 36 Jahre alt) und sein Kaplan Adolf Koenigs.

In der amerikanischem Kantine der Lützow-Kaserne in Krummerück halten sie den ersten Gottesdienst.

Die Schlacht um Aachen ist zu Ende. Die letzten Verteidiger marschieren in amerikanische Gefangenschaft.

23. Oktober 1944 (Mo)

Der Großdeutsche Rundfunk schickt abends gegen 22 Uhr eine Meldung über den Äther, daß „der Widerstand in Aachen durch feindliche Übermacht erdrückt worden ist“.

Zwei Tage nach der Kapitulation wird in Aachen Bilanz gezogen. Etwa 2000 amerikanische Soldaten wurden getötet, rund 5000 verletzt, 560 gingen in deutsche Gefangenschaft. Die Deutschen beklagen über 600 Tote und 1700 Verwundete, aber 3473 Gefangene. Auch die Zahl der zerstörten Panzer zeigt, daß der Angreifer die höheren Verluste erleidet: die Deutschen verloren 45, die Amerikaner 127.

24. Oktober 1944 (Di)

Der letzte Kampfkommandant von Aachen, Oberst Gerhard Wilck, wird aus dem Gefangenenlager Henri-Chapelle in einem Jeep nach Brüssel gebracht und von dort mit dem Flugzeug nach London, wo man ihn mehrere Tage lang über die Truppenverhältnisse an der deutschen Westfront verhört. Anschließend wird er in einem Lager für deutsche Generäle in der Nähe der britischen Hauptstadt untergebracht. Drei Jahre lang bleibt Wilck in britischer Gefangenschaft.

Würselen ist nach dem Fall von Aachen das Angriffsziel beider Kriegsgegner. Die Deutschen bemühen sich weiterhin, den Ring aufzubrechen, die Amerikaner wollen die Stadt ganz in ihren Besitz bringen, um den Rücken für die Rur-Offensive frei zu haben. Es entwickelt sich bis Mitte November ein regelrechter Stellungskrieg, wobei die Front quer durch die Stadt verläuft. Einzelne Stadtteile oder Straßenzüge wechseln mehrfach den Besitzer.

Die Amerikaner tauschen verschiedentlich ihre Einheiten aus, die im nahen Südlimburg aufgefrischt werden.

In den Tagen nach der Kapitulation Aachens wird die Zivilbevölkerung ins Internierungslager Brand geleitet.

25. Oktober 1944 (Mi)

Im Hürtgenwald treffen beide Seiten Vorbereitungen für die Schlachten um Vossenack und Schmidt im November. Die Deutschen können lediglich eine in Brandenburg aufgefrischte Volksgrenadierdivision zur Verstärkung in die Nordeifel verlagern. Die Amerikaner tauschen dagegen ihre dezimierte 9. Infanterie-Division gegen die mit Pionieren, Sturmgeschütz- und Panzereinheiten sowie Artillerie zusätzlich bestückte 28. Infanterie-Division aus.

Kommandeur dieses Großverbandes ist Generalmajor Norman D. Cota, der seinen Divisionsgefechtsstand in Rott aufschlägt.

Angriffsziele sind Vossenack und Schmidt, die Westwallbefestigungen im Bereich Strauch/Steckenborn und die Unterstützung der südlicher positionierten Einheiten auf den Westwall bei Simmerath und Kesternich.

Schmidt gilt als strategischer Mittelpunkt im Kampf um die Eifeltalsperren. Deren Bedeutung spielte anfangs nur bei den Deutschen eine Schlüsselrolle: Durch Sprengung der Dämme und Staumauern könnte die Rur im vermuteten amerikanischen Durchbruchsbereich bei Düren und Linnich derart geflutet werden, daß an ein Übersetzen nicht zu denken wäre.

Die Amerikaner erwogen überraschenderweise nicht diese Möglichkeit, um die deutschen Truppen links der Rur nach Osten hin abzuschneiden. Sie inszenierten die oft als unsinnig anmutende Hürtgenwald-Offensive zunächst nur mit dem Ziel, beim geplanten Durchbruch durch die Rheinebene auf Köln und Düsseldorf einem deutschen Flankenangriff aus diesem ihnen unheimlichen Waldgebiet zuvorzukommen.

Die Verteidigung der Nordeifel war aus deutscher Sicht strategisch wichtig im Hinblick auf die längst geplante Ardennenoffensive, um einem amerikanischen Flankenangriff von Norden her vorzubeugen.

Generalleutnant Omar Bradley, Oberbefehlshaber der amerikanischen Heeresgruppe Mitte, zeichnet nach dem Fall von Aachen den Komandeur der 1. Armee, Courtney H. Hodges, mit dem „Bronzestern" aus.

26. Oktober 1944 (Do)

Die relativ ruhigen Tage der letzten Oktoberwoche nutzen die deutschen Verteidiger im Hürtgenwald ähnlich wie bereits Ende September, um ihre Abwehrstellungen weiter auszubauen, sei es durch Verstärkung der Unterstände und Sperranlagen wie Stacheldrahtverhaue oder Minenfelder.

Das bekannteste davon war die „Wilde Sau“ zwischen Germeter-Wittscheidt und Hürtgen beiderseits der heutigen B 399.

27. Oktober 1944 (Fr)

Während in Würselen gekämpft wird und die deutsche schwere Artillerie aus dem Raum Euchen und Broichweiden die von den Amerikanern besetzten Ortschaften wie Kohlscheid oder Bardenberg mit Störfeuer belegt, sorgen sich über 4000 Aachener Bürger, die im Lager Brand interniert sind, um ihre Zukunft. Niemand ahnt, wie lange dieser Zustand noch andauern soll. Die Quartiere sind kalt und zugig, die Verpflegung karg, die hygienischen Zustände schlicht unzumutbar. Viele haben nur ein Strohlager. „Wir wurden allerdings ordentlich behandelt“, erzählte einmal der inzwischen verstorbene frühere Tennisspieler und Alemannia-Präsident „Bubi“ Hirtz, der wenig später dem ersten Stadtrat angehören sollte.

In Aachen selbst werden zumindest die Durchgangsstraßen notdürftig von Kampfmitteln und Trümmern geräumt.

Der englische Kriegshistoriker R.W. Thompson skizziert die Lage der Amerikaner Ende Oktober wie folgt (womit er gleichzeitig die aufopferungsvolle Verteidigung Aachens würdigt):

„Die Lage im Zentrum (der amerikanischen Angriffsfront) war alles andere als verheißungsvoll. Die amerikanische 1. Armee hatte den Oktober hindurch eine ernsthafte Schlappe erlitten. Ihr Auftrag, Düren und Köln zu nehmen, war durch die entschlossene deutsche Verteidigung von Aachen durchkreuzt worden“.

28. Oktober 1944 (Sa)

Im Internierungslager Brand stirbt der Aachener Fabrikant Albert Heusch, der am 10. Oktober noch als Leiter einer Bürgerdelegation nach dem Ultimatum der Amerikaner den Kampfkommandanten Max Leyherr um Kapitulation gebeten hatte, eines natürlichen Todes. Heusch, der Vater des späteren langjährigen Aachener Oberbürgermeisters Hermann Heusch, galt als einer der führenden Unternehmer in der Grenzregion.

Den deutschen Verteidigern im Hürtgenwald schwant Unheil: Die Aufklärung meldet enorme Truppenbewegungen der Amerikaner zwischen Lammersdorf und Zweifall, dazu verstärkte Tätigkeit von Späh- und Stoßtrupps entlang der ganzen Hauptkampflinie.

Amerikanische Infanteristen wärmen sich im oberen Wehebachtal Nähe Raffelsbrand an einem Lagerfeuer. In der Nordeifel ist es schon naßkalt geworden.

29. Oktober 1944 (So)

Die deutschen Beobachter registrieren verstärkte Aktivitäten der Amerikaner im Kampfgebiet Hürtgenwald. Vossenack wird mit schwerem Artilleriefeuer belegt.

30. Oktober 1944 (Mo)

Der für den 31. Oktober geplante Angriff auf Vossenack und Schmidt wird endgültig auf den 2. November verschoben. Die extremen Regenfälle des Oktober haben das Kampfgebiet in eine einzige Schlammwüste verwandelt. Jetzt fallen auch noch die Temperaturen auf Werte um den Gefrierpunkt. Hauptgrund aber ist wohl, daß die Amerikaner bei schlechtem Wetter auf ihre Luftunterstützung verzichten müssen.

Miserables Wetter und ein hartnäckiger Gegner: GIs warten mit verdrossener Miene im oberen Tal der Weißen Wehe auf ihren Einsatz.

31. Oktober 1944 (Di)

Im Auftrag der amerikanischen Besatzer soll in Aachen eine neue Stadtverwaltung etabliert werden. Im Offizierskasino der Lützowkaserne stellt der damit beauftragte Rechtsanwalt Franz Oppenhoff (44), den man per Akklamation zum Oberbürgermeister bestimmt, seine aus neun Bürgern, die sich allesamt „Bürgermeister" nennen dürfen, bestehende Mannschaft wie folgt zusammen: Dr. Kurt Pfeiffer (Finanz- und Vermögensverwaltung), Dr. Helmuth Pontesegger (Recht und Verwaltung), Dr. Gerd Heusch (Arbeit und Fürsorge), Dr. Karl Breuer (Schule, Erziehung und Kultur), Josef Hirtz (Ernährung und Landwirtschaft), Heinrich Faust (Wirtschaftslenkung), Dr. Hans Schwippert (Bauwesen), Dr. Hans Mies (Technik) und Hans Schefer (Polizei).

Mit Dr. Gerd Heusch und Josef („Bubi") Hirtz gehören zwei spätere Alemannia-Präsidenten zur Führungscrew, die um ihre Aufgabe in einer völlig zerstörten Stadt ohne Bewohner (die Internierten kehren erst zwei Wochen später zurück) nicht zu beneiden ist.

Nachmittags wird Franz Oppenhoff, der am 25. März 1945 von einem deutschen „Werwolf"-Kommando erschossen wird, vom amerikanischen Stadtkommandanten, Oberstleutnant Carmichael, im Suermondtmuseum vereidigt.

1. November 1944 (Mi)

Am Allerheiligentag bezieht die neue Aachener Stadtverwaltung ihr provisorisches Domizil im Regierungsgebäude am Stadttheater.

Der Internist Dr. Karl Moll wird zum kommissarischen Kreis- und Stadtarzt bestellt.

VII. Kapitel

Allerseelenschlacht: Das amerikanische Debakel in Vossenack und Schmidt

2. November 1944 (Do)

Die amerikanische Offensive im Hürtgenwald, bekannt als die „Allerseelenschlacht um Vossenack“, beginnt. Es ist ein naßkalter, nebliger Tag. Noch bevor die Dämmerung heraufzieht, feuern Dutzende von amerikanischen Artillerie-Batterien auf das Angriffsgebiet um Vossenack, teilweise von Zweifall aus.

Es tritt ein, was die Amerikaner befürchtet hatten: ihre Bodentruppen müssen infolge der Witterungsbedingungen ohne Luftunterstützung vorrücken. Ein Vorstoß richtet sich von Germeter aus entlang der heutigen B 399 über Wittscheidt nach Norden. Minenfelder stoppen den Angriff der links der Straße vorgehenden Infanteristen in der Nähe des Forsthauses Hürtgen. Auf der rechten Straßenseite wird im starken deutschen MG- und Granatwerfer-Abwehrfeuer erst gar kein nennenswerter Geländegewinn erzielt.

Ein anderer Stoßkeil zielt nach Süden, um die Straße nach Lammersdorf abzuriegeln und dann bei Kallbrück ins obere Kalltal vorzustoßen. Im Bereich Ochsenkopf (heute Wanderparkplatz oberhalb des Kalltals, dicht bei der Kreuzung der Landstraße 160 von Rollesbroich/Kallbrück mit der B 399) bleibt der Angriff bei den dortigen Bunkern liegen.

Besser läuft es für die Amerikaner beim direkten Angriff auf Vossenack. Aufgrund der Geländestruktur kommen hier Sherman-Panzer zum Einsatz. Die vom Trommelfeuer dezimierten deutschen Einheiten verteidigen sich nach besten Kräften mit Panzerfäusten, schweren MGs und Handgranaten, aber gegen Abend ist der größte Teil des Ortes in amerikanischer Hand.

Amerikanische Sherman-Panzer im Kalltal. Auf den engen Kehren haben die schweren Fahrzeuge große Probleme. Teilweise müssen sogar Felsen weggesprengt werden.

Die deutsche Heeresführung wird bei einer Lagebesprechung unter Leitung von General der Panzertruppen Hasso von Manteuffel auf Schloß Schlenderhan bei Bergheim von der US-Offensive in Kenntnis gesetzt und reagiert sofort, da man einen Direktangriff auf die Talsperren vermutet: die östlich Vossenack und auf den Höhen von Schmidt stehenden Streitkräfte werden umgruppiert, Reserveeinheiten wie die 116. Panzerdivision in Marsch gesetzt.

Alle verfügbare Artillerie wird zur Durchbruchsstelle beordert. Die östlich von Großhau und Kleinhau auf den Höhen bei Bergstein und Brandenberg stationierten Batterien sollen aus dem Rurtal bei Vlatten, Hergarten, Hausen, Blens und Abenden unterstützt werden.

3. November 1944 (Fr)

Obschon Vossenack noch nicht ganz besetzt ist, erreichen zwei Bataillone der 28. US-Infanterie-Division von der Kirche aus über den Mestrenger Weg das Kalltal und überschreiten den Bach in der Nähe der Mestrenger Mühle. Von dort kämpfen sie sich im Artilleriefeuer der Deutschen den Südhang hinauf bis Kommerscheidt, wo der Angriff vorübergehend liegenbleibt, doch mittags ist der Ort in amerikanischer Hand.

Wenig später erreichen die Angreifer ohne nennenswerte deutsche Gegenwehr auch Schmidt und besetzen die meisten Ortsteile.

Amerikanische Pioniere schuften die ganze folgende Nacht hindurch, um der Infanterie in Schmidt und Kommerscheidt die nötige Panzerunterstützung zu verschaffen. Der Versuch, die Shermans über den knapp drei Meter breiten Waldweg mit seinen viel zu engen Kurven zu fahren, mißlingt zum Teil im Abwehrfeuer der Deutschen. Nur drei Tanks erreichen Kommerscheidt vor Morgengrauen.

Beim Forsthaus Hürtgen starten die deutschen Truppen einen erfolgreichen Gegenangriff und können die am Vortag auf Wittscheidt vorgedrungenen Amerikaner bis in die Ausgangsstellungen im Tal der Weißen Wehe zurückwerfen.

4. November 1944 (Sa)

Die deutschen Verstärkungen haben sich gruppiert und bereiten den Amerikanern auf der Höhe von Schmidt ein wahres Inferno. Zunächst setzt schweres Artilleriefeuer der Batterien von Bergstein und Brandenberg ein, dann greifen Panzer und Infanterie aus verschiedenen Richtungen an, hauptsächlich von Harscheidt und Hasenfeld im Rurtal.

Der Angriff kommt für die Amerikaner nicht nur völlig überraschend, er wird auch mit solcher Wucht geführt, daß die Männer des 112. Infanterie-Regiments unter schwersten Verlusten von Schmidt zurück nach Kommerscheidt fliehen. Teilweise werfen die US-Soldaten ihre Waffen weg. Im offenen Gelände werden sie vom Panzer- und MG-Feuer regelrecht niedergemäht.

Die Deutschen rücken weiter Richtung Kommerscheidt vor, wo sich die Überlebenden des amerikanischen Schmidt-Massakers sammeln. Aber die Deutschen erreichen das Dorf an diesem Tage nicht mehr, weil sie das konzentrierte Sperrfeuer des Gegners nicht überwinden können. Hinter ihnen liegen ein hoffnungslos zerschossenes Schmidt und mit Trichtern, Kriegsgerät und Leichen übersäte Wiesen und Felder.

Ganz erfolglos ist der Tag für die Amerikaner allerdings nicht. Der südlich gerichtete Angriffskeil über Raffelsbrand und Ochsenkopf erreicht trotz heftigen Abwehrfeuers aus den dortigen deutschen Bunkern über die Steilhänge des Kalltals das Dörfchen Simonskall. Während sich die Amis dort festsetzen, wird im mittleren Kalltal weiter heftig gekämpft. Eine deutsche Panzerabteilung rückt Richtung Mestrenger Mühle vor, während die US-Pioniere noch die am Vortag liegengebliebenen eigenen Panzer aus dem Weg schaffen, was teilweise nur durch Sprengung möglich ist.

5. November 1944 (So)

In der Nacht haben die Amerikaner zwar weitere neun Jagdpanzer nach Kommerscheidt durchgebracht, doch die Lage ist nicht nur kritisch - sie ist hoffnungslos. Aus allen Rohren feuern die Deutschen auf die in Kommerscheidt festliegenden Amerikaner, die schließlich regelrecht „durchdrehen". Zunächst erleidet der Bataillonskommandant einen Nervenzusammenbruch, dann fliehen einzelne GIs, in der Abenddämmerung schließlich ganze Kompanien zurück in den Wald und stolpern über die Hänge des Kalltals zurück nach Vossenack. Etliche schaffen es nicht und graben sich unter zerschossenen Bäumen im naßkalten Boden ein.

6. November 1944 (Mo)

Wieder ist eine ganze Nacht im Kalltal gekämpft worden. Als der Morgen graut, sind die letzten Amerikaner in Schmidt und Kommerscheidt abgeschnitten. Deutsche Pioniere haben Teile des Kallweges neu vermint, die Kallbrücke und die wichtigsten Furten des Baches werden von deutschen MG-Stellungen kontrolliert und unpassierbar gemacht: drei davon haben in der Teufelsley auf halbem Wege zwischen Richelsbachtal und Mestrenger Mühle perfekten Schutz und totale Übersicht gefunden. Eine unterhalb Richelskaul zusammengewürfelte US-Einheit scheitert zunächst mit einem Gegenangriff auf Kommerscheidt und Schmidt, schlägt sich aber schließlich doch noch im Schutz der Dunkelheit der folgenden Nacht bis Kommerscheidt durch.

Schon seit dem frühen Morgen belegt die deutsche Artillerie Vossenack mit schwerstem Feuer, dazu werden Mörser eingesetzt. Und wiederum packt die Amerikaner das Grausen, verlieren erst einzelne, dann ganze Züge die Nerven und fliehen vor dem Inferno.

Erst Stunden später, gegen Mittag, setzt deutsche Infanterie, aus der Gegend der Lucasmühle im Tiefenbachtal östlich Vossenack über den steilen Hang kommend, nach.

Zu diesem Zeitpunkt haben zu Infanteristen umfunktionierte amerikanische Pioniere jedoch schon wieder eine Abwehrstellung in Höhe der Kirche und des Friedhofs aufgebaut.

7. November 1944 (Di)

In der Nacht hat sich noch ein US-Lkw-Konvoi mit Verwundeten von Kommerscheidt nach Vossenack durchschlagen können. In Kommerscheidt selbst werden die letzten Verteidiger von der deutsche Artillerie aufgerieben. Nur wenigen gelingt es, den Hang des Kalltales hinunter zu flüchten, um dann geradeswegs ins MG-Feuer der Deutschen zu laufen. Einige können sich jedoch noch bis zur nächsten Nacht halten. Und sie schaffen den Weg zurück nach Richelskaul. In Vossenack selbst toben erbitterte Straßenkämpfe. Das Ortszentrum wechselt mehrfach den Besitzer. Selbst in der Kirche wird geschossen. Schließlich behalten die Amerikaner durch neue Panzerverstärkung die Oberhand: der Gegner wird wieder zurückgedrängt.

8. November 1944 (Mi)

Die Bilanz des „Unternehmens Schmidt“ ist für die Amerikaner verheerend: von den zwei vorgerückten Bataillonen konnten sich etwa 300 Mann durchschlagen, über 6100 sind entweder gefallen, verwundet oder in deutsche Gefangenschaft geraten. Nach Kriegsende im Pazifik im August 1945 wissen die Amerikaner: Es sind die schwersten Verluste, die eine ihrer Divisionen während des gesamten Zweiten Weltkriegs erlitten hat.

Auch die Deutschen zahlen einen hohen Preis: 3000 Mann Verluste.

Und der Kriegsschauplatz symbolisiert in selten erlebter Eindringlichkeit das sinnlose Ausmaß von Tod und Vernichtung: Vossenack praktisch zu hundert Prozent dem Erdboden gleich, kilometerweit talauf, talab zwischen Germeter und Schmidt nichts als zerstörtes Kriegsmaterial und Leichen.

9. November 1944 (Do)

Der Oberbefehlshaber der alliierten Streitkräfte, Dwight D. Eisenhower, besucht den Divisiongefechtstand der 28. Division in Rott, wo er mit deren Kommandeur, Norman D. Cota, das Schmidt-Debakel in allen Einzelheiten analysiert. Auch die Generäle Bradley, Hodges und Gerow nehmen an diesem Gespräch teil.

Man beschließt, den demoralisierten Rest der 28. Infanterie-Division bis spätestens Mitte November nach und nach abzuziehen und durch eine frische Division zu ersetzen.

Im oberen Wehebachtal greifen neuformierte amerikanische Verbände wieder an. Die Bedingungen sind katastrophal: Regen, Schnee und Frost haben das Gelände in den letzten Tagen noch schwieriger gemacht. Die Amerikaner prägen in diesen Tagen das vielzitierte Wort von der „Hölle Hürtgenwald".

Infanterieeinheiten versuchen ihr Glück Richtung Hürtgen bzw. Forsthaus Hürtgen an der B 399. Die Erfolge sind mäßig, die Verluste beiderseits hoch.

10. November 1944 (Fr)

Die schweren Kämpfe in den Wäldern des oberen Wehebachtals Richtung Forsthaus Hürtgen dauern mit unverminderter Härte an. Die Amerikaner glauben durch gründliche Artillerie-Vorbereitung diesmal zum Ziel zu kommen, doch als die Infanterie vorrückt, trifft sie auf starke deutsche Panzereinheiten.

Das Gelände ist nicht mehr wiederzuerkennen: verkohlte Baumstümpfe, Granattrichter und haufenweise zerstörtes Kriegsgerät, teils im Schlamm versunken, teils zugeschneit. Deutsche Soldaten taufen es treffend „Wilde Sau".

Gleichzeitig greift amerikanische Infanterie aus Vossenack Richtung Forsthaus Hürtgen an. Die Stoßrichtung geht über „Kreuzheck", ein offenes Gelände nördlich der Vossenacker Kirche, und führt zwangsläufig durchs obere Bosselbachtal, wo deutsche Artillerie die Attacke beendet.

11. November 1944 (Sa)

Die Kämpfe im Hürtgenwald lassen vorübergehend nach. Grund dafür ist eine neue Strategie der Alliierten. Wollte man bisher um jeden Preis den Westwall im Monschauer Bereich östlich und südlich umgehen, so richtet sich in der Folge die Stoßrichtung geradewegs nach Osten als Flankendeckung für die am 16. November geplante „Operation Queen", die auf voller Frontbreite stattfinden soll.

Daß sich daraus dennoch die von den Kriegshistorikern als „Dritte Abwehrschlacht im Hürtgenwald" (16. November bis 7. Dezember) bezeichnete Auseinandersetzung entwickelt, ist noch nicht absehbar.

Erste Vorbereitungen für die „Operation Queen" werden an diesem Tage auch im nördlichen Abschnitt getroffen: die Amerikaner tauschen ihre Stellungen im Raum Geilenkirchen-Gangelt mit den Briten. Diese dulden keine Zivilisten im Frontbereich und ordnen eine Zwangsevakuierung an. Tagelang werden die verbliebenen Bewohner in Lastwagen ins „Camp Vught", ein ehemaliges deutsches Konzentrationslager in einem Waldgelände bei Eindhoven, gebracht.

Unterkunft und Verpflegung sind miserabel. Wer erkrankt, ist verloren. Und obschon sich das Kriegsgeschehen nach dem Übersetzen über die Rur am 23. Februar 1945 immer weiter nach Nordosten verlagert, dürfen die Leute erst wieder ab Pfingsten (20. Mai) in die Heimat zurückkehren. Die letzten sind am 7. Juli wieder zu Hause.

12. November 1944 (So)

Trommelfeuer der Amerikaner nördlich Vossenack. Diesmal hat die vorgehende Infanterie Erfolg und kann das Forsthaus Hürtgen nehmen.

Ungeklärt ist, warum die Amerikaner gleichzeitig den Ostteil von Vossenack kampflos preisgeben.

Kampfgebiet Vossenack: Amerikanische Kettenfahrzeuge feuern aus allen Rohren auf deutsche Stellungen im Kalltal.

13. November 1944 (Mo)

Die Frontlinie im Kampfgebiet Vossenack ist gründlich durcheinandergeraten, ohne daß größere Kampfhandlungen entstehen. Bisweilen wissen die Soldaten nicht, ob sie Freund oder Feind vor sich haben. Pausenlos kreisende Aufklärer geben den Amerikanern immerhin Hinweise über die Lage der jeweiligen Einheit.

Teilweise ziehen sich amerikanische Infanterieeinheiten zur Neuordnung bzw. zum Austausch zurück, so das 12. Regiment, das von den Waldkämpfen völlig demoralisiert ist und auch hohe Verluste erlitten hat.

Die Deutschen setzen alles daran, das Forsthaus Hürtgen zurückzugewinnen, was ihnen am späten Abend auch gelingt.

14. November 1944 (Di)

Die intensiven Vorbereitungen für die „Operation Queen" sind den Deutschen nicht verborgen geblieben.

Konzentriertes Artilleriefeuer verzeichnet man im Aachen-Stolberger Raum und im Norden bei Venlo. Die Amerikaner und Engländer werden dadurch vorübergehend in ihren Aufmärschen gestört, mehr erreichen die Deutschen allerdings nicht.

Das von den Amerikanern gewünschte und von den Engländern ausgeführte Bombardement auf die Städte Düren, Jülich und Heinsberg ist bisher immer wieder – meist aus Witterungsgründen – verschoben worden. Auch jetzt ist man noch nicht sicher, ob die Bombergeschwader wirklich am 16. November starten können. Der genaue Zeitpunkt der Angriffe ist noch offen.

Im Hürtgenwald kommt es zu verlustreichen Kämpfen für die amerikanischen Infanteristen, als deutsche Panzergrenadiere im Waldgebiet südwestlich von Hürtgen sogenannte „Säuberungsarbeiten" durchführen.

15. November 1944 (Mi)

Das deutsche Oberkommando rechnet mit dem Hauptvorstoß der Alliierten, der auf Köln und Düsseldorf zielt, im nördlichen Frontabschnitt. So erhalten die Verteidiger Verstärkung durch Panzereinheiten im Raum Kempen und Erkelenz. Die in Reserve stehende 10. SS-Panzer-Division wird in Alarmbereitschaft versetzt.

VIII. Kapitel

Der Bombentod von Düren, Jülich und Heinsberg leitet die alliierte Großoffensive ein.

16. November 1944 (Do)

Die „Operation Queen" beginnt. Auf der ganzen Frontbreite zwischen Selfkant und Hürtgenwald schlagen die Alliierten los - mit allen verfügbaren Waffen. Am Abend stehen Dutzende von Städten und Dörfern in Flammen.

Mit dem Datum des 16. November ist in erster Linie die über 90prozentige Zerstörung der Rurstädte Düren und Jülich sowie Heinsberg verbunden. Um 12.30 Uhr starten von den Flughäfen in England über 1200 britische Bomber in 31 Geschwadern und erreichen unbehelligt von deutschen Abwehrjägern drei Stunden später ihre Zielgebiete. Auch die deutsche Flak kann nur wenige Maschinen daran hindern, ihre tödliche Fracht auszuklinken.

508 Bomber erreichen Jülich, 498 Düren und 182 Heinsberg. Der klare Himmel über dem Grenzland ist schon bald von Kondensstreifen getrübt. Kaum mehr als eine halbe Stunde dauert das um 15.30 Uhr beginnende Bombardement, dann gibt es in den drei Städten nur noch von brennendem Phosphor überzogene Trümmerhaufen.
Die Anzahl der Todesopfer ist nie genau ermittelt worden. Allein in Düren werden über 3100 vermutet.

Parallel zum britischen Einsatz greift die US-Luftwaffe die Räume Eschweiler, Weisweiler und Langerwehe an.

Bereits am Morgen hat britische und amerikanische Artillerie auf ganzer Frontbreite Trommelfeuer geschossen und gegen Mittag beginnt die Offensive der Bodentruppen.

Die 84. Division der 1. US-Armee rückt gegen Geilenkirchen vor, die 2. Panzerdivision auf den Raum Puffendorf, die 29. Division Richtung Siersdorf und Setterich und die 39. Division wird im Raum Würselen aktiv. Euchen fällt in die Hände der Amerikaner, und den deutschen Verteidigern in Würselen droht die Einkesselung.

Die 1. Armee rückt weiter südlich vor: die 4. Division im Hürtgenwald, die 1. Division von Schevenhütte aus auf Langerwehe und Jüngersdorf, die 3. Panzerdivision auf Hastenrath und die 104. Division auf Eschweiler und Weisweiler.

Am Abend sind im nördlichen Kampfabschnitt Puffendorf, Floverich und Immendorf in amerikanischer Hand, im mittleren Mariadorf. In Stolberg beginnt der dreitägige Kampf um den strategisch wichtigen Donnerberg, im Hürtgenwald tobt die Schlacht erneut im oberen Wehebachtal, ohne daß die Amerikaner nennenswerte Erfolge erzielen.

Die deutschen Verteidiger haben die Front im großen und ganzen noch halten können.

17. November 1944 (Fr)

Die Amerikaner besetzen Hoengen und den nördlichen Teil von Broichweiden. Im südlichen behaupten sich die Verteidiger noch tagelang. Würselen ist am Abend bis auf den südöstlichen Teil vom 119. Infanterie-Regiment genommen. Nordöstlich des Bereichs Alsdorf/Baesweiler stoßen die Amerikaner auf heftigen Widerstand. Sie können zwar Bettendorf erobern, doch in Setterich erleiden sie schwere Verluste. Innerhalb von drei Tagen wechselt der Ort sechsmal den Besitzer.

Dagegen gelingt ein Vorstoß von Hoengen aus nach Norden, wo die Straße nach Schleiden erreicht wird.

Im Ackergelände zwischen Gereonsweiler, Puffendorf und Apweiler entwickelt sich durch die Konzentration deutscher Einheiten die größte Panzerschlacht an der Westfront.

Im Stolberger Kampfabschnitt droht nach der Einnahme von Gressenich ein Durchbruch der Amerikaner auf Langerwehe.

Im Wehebachtal greift die 4. US-Infanterie-Division zwischen Schevenhütte und Germeter die östlichen Waldgebiete an.

Jülich ist durch das Bombardement genau wie Düren dem Erdboden gleichgemacht. Die beiden Städte gehen als die meistzerstörten des gesamten Zweiten Weltkriegs in die Annalen ein.

18. November 1944 (Sa)

Im Hürtgenwald tobt die Schlacht in den Wäldern unter beiderseits hohen Verlusten weiter. Die Amerikaner werden zunehmend durch Minenfelder und andere Abwehrfallen am Vormarsch gehindert. Sie können allerdings östlich Schevenhütte in Richtung Gut Schwarzenbruch durchbrechen.

Im Wehebachtal bleiben die Angreifer von Tag zu Tag mehr im Schlamm stecken, können aber über Knüppeldämme leichte Panzer an die Front bringen und eine sogenannte Schneisenspinne, von den Amerikanern „Five Points" genannt, besetzen.

Kreuzau und Winden, deutsche Kommando- und Nachschubzentren, werden bombardiert und mit Artilleriefeuer belegt.

Nach mehrtägigem Ringen wird der schon Ende September umkämpfte Stolberger Donnerberg von den Amerikanern besetzt, die von dort weiter Richtung Eschweiler Wald vorstoßen.

Auch der noch von den Deutschen gehaltene südöstliche Teil Würselens wird von den Amerikanern genommen.

Im Bereich der Rurfront nördlich und östlich von Baesweiler können die Amerikaner Siersdorf mit der dortigen EBV-Zeche besetzen, erzielen aber im Kampfgebiet bei Puffendorf keine nennenswerten Geländegewinne. In der Panzerschlacht erleiden beide Seiten hohe Verluste.

Im nördlichen Abschnitt läuft die von den Alliierten „Operation Clipper" genannte Offensive auf Geilenkirchen an. Ziel ist eine Umzingelung der Stadt. Die britische 43. Division setzt von Gillrath her an und nimmt Tripsrath und Bauchem, die amerikanische 84. Infanterie-Division das östlich gelegene Prummern.

19. November 1944 (So)

„Operation Clipper" verläuft für die Alliierten recht erfolgreich. Schon im Morgengrauen setzen englische Panzerverbände und amerikanische Infanterie ihren Angriff auf Geilenkirchen fort und können wenig später eindringen. Sie finden eine total zerstörte „Geisterstadt" vor, denn sämtliche Einwohner (damals zählte Geilenkirchen rund 6000 Einwohner) sind beizeiten aus dem Kampfgebiet geflüchtet oder zwangsevakuiert worden. Der deutsche Widerstand ist relativ gering. Am Nachmittag fällt nach heftigen Häuserkämpfen auch das nordöstlich gelegene Süggerath.

Die vor zwei Tagen aus dem Raum Baesweiler vorgedrungene 29. US-Division besetzt Dürboslar und Schleiden und bringt auch Setterich endgültig in ihren Besitz. Weiter südlich fällt nach zwischenzeitlichen deutschen Gegenangriffen Gereonsweiler. Von Hoengen aus rücken die Amerikaner nach stundenlangem Trommelfeuer in St. Jöris und Kinzweiler ein.

Noch einmal entbrennt im Raum Würselen der Kampf, diesmal um Vorweiden, wo sich bisher deutsche Widerstandsnester halten konnten. Die letzten zersprengten Einheiten werden ins Gebiet um den Flugplatz Merzbrück zurückgedrängt.

Im Hürtgenwald wird die in der „Allerseelenschlacht von Vossenack" aufgeriebene 28. US-Division abgelöst und in die Ardennen verlegt. Die Einheit hat 6184 Mann eingebüßt. Die 8. Infanterie-Division rückt in ihre Stellungen. Die Schlacht im Wehebachtal um die östlichen Waldgebiete Richtung Hürtgen und Kleinhau dauert an, wobei die Amerikaner erneut schwere Verluste erleiden und praktisch keinen Meter vorankommen.

Geilenkirchen wird von den Amerikanern genommen. Infanteristen passieren die evangelische Kirche im Stadtteil Heimshoven.

20. November 1944 (Mo)

Nördlich von Geilenkirchen stoßen die Engländer bei Tripsrath auf starken deutschen Widerstand, während sich die Amerikaner östlich von Geilenkirchen endgültig nach letzter „Säuberung“ in Prummern festsetzen.

Nachdem sich seit Beginn der „Operation Queen“ die mittlere Front nach Osten verlagert hat, ist jetzt Baesweiler endgültig aus dem Kampfbereich heraus. Nach dem Fall von Gereonsweiler nehmen die Amerikaner auch Ederen. Die in diesem Bereich stehenden Verbände der 9. US-Armee sind inzwischen von drei auf sechs Divisionen verstärkt worden. So gelingt schließlich bis zum Abend von Siersdorf aus in südöstlicher Richtung der Vorstoß auf Niedermerz.

Die Massierung der amerikanischen Einheiten veranlaßt das Oberkommando der Wehrmacht, die Abwehrfront zu verstärken. Dies geschieht durch den Abzug der 340. Grenadierdivision aus der Eifel, die eigentlich schon dort für die geplante Ardennen-Offensive bereitgestellt war.

Die 104. US-Infanterie-Division konzentriert ihren Angriff auf Eschweiler. Ein Regiment geht nördlich der damals von Verlautenheide bis Eschweiler bestehenden Autobahn vor und nimmt Hehlrath und Röhe.

Nach rund sechs Wochen ist der Kampf um Würselen beendet. Die Stadt ist zu 78 Prozent zerstört.

Aus dem Kampfgebiet Wehebachtal stößt die 1. US-Infanterie-Division nordöstlich vor, nimmt Wenau und erreicht die Laufenburg im Waldgebiet zwischen Wenau und Merode.

Einen Monat nach dem Fall von Aachen öffnet das Stadtarchiv wieder seine Pforten.

21. November 1944 (Di)

Die Amerikaner stoßen weiter auf die Rur vor. Bei Freialdenhoven kann der Angriff zwar gestoppt werden, Laurenzberg und Langweiler gehen jedoch verloren, am Abend schließlich auch Aldenhoven und Engelsdorf. Die Angreifer sind also schon bedrohlich nahe an Jülich herangekommen.

Der Druck auf Eschweiler verstärkt sich. Nach Hastenrath und Bergrath im Süden gelingt auch nach zwischenzeitlichem Rückschlag die Einnahme von Dürwiß im Norden, so daß die Stadt nunmehr von drei Seiten eingeschlossen ist.

Im Kampfgebiet Wehebachtal gelingt den Amerikanern nach dem bisher massivsten Einsatz schwerer Artillerie in diesem Bereich ein entscheidender Vorstoß in östlicher Richtung auf den Raum Großhau/Kleinhau. Auch Hürtgen liegt jetzt greifbar nahe und gerät ebenfalls unter Trommelfeuer.

22. November 1944 (Mi)

Die Amerikaner belegen Eschweiler mit schwerem Artilleriefeuer. Aber sie schießen in eine leere Stadt: die beiden letzten deutschen Regimenter haben sich zurückgezogen.

Als sich die amerikanischen Bodentruppen vortasten, finden sie nur noch eine kleine Nachhut vor. Eschweiler fällt praktisch kampflos, am selben Abend auch Nothberg. Die deutschen Verbände waren auf Anordnung von Generalfeldmarschall Gerd von Rundstedt für die Ardennenoffensive geschont und abgezogen worden.

Bei Merzenhausen können die Deutschen mit letzter Kraft den drohenden Durchbruch der Amerikaner auf Jülich und die Rur zum Stillstand bringen. Der vor zwei Tagen besetzte Ort wird zunächst zurückerobert, doch wenige Stunden später von den Amerikanern erneut gestürmt.

An der Südfront kämpfen sich die Amerikaner systematisch aus den Wäldern am Osthang der Weißen Wehe vor und blicken nun

auf Großhau, das nur noch wenig mehr als einen Kilometer entfernt vor ihnen liegt.
Etwas nördlich davon wird die Klosterruine Schwarzenbroich im Meroder Wald genommen.

Amerikaner in der verwüsteten Eschweiler Innenstadt. Die letzten Deutschen haben sich kampflos zurückgezogen.

23. November 1944 (Do)

Im Hürtgenwald riskieren die Amerikaner den Sturm auf das von den Deutschen nur schwach verteidigte Großhau noch nicht. Um die paar hundert Meter freies Gelände zu überwinden, will man zuerst Panzer nach vorn bringen, was auf den engen Versorgungswegen im Wehebachtal unter gezieltem Beschuß der deutschen Artillerie bei Bergstein-Brandenberg mit großen Schwierigkeiten verbunden ist.

Aus dem Eschweiler Raum geht der Vorstoß der amerikanischen Truppen nördlich der bei Weisweiler aufgebauten deutschen Verteidigungslinie weiter in Richtung Rur.

Nordöstlich werden Lohn und Pattern erobert. Angriffsziel sind nun die Jülich vorgelagerten Orte Koslar und Kirchberg.

Die Panzerschlacht im Raum Puffendorf dauert unvermindert mit wechselnden Vorteilen an. Gereonsweiler wechselt zum neuntenmal den Besitzer.

24. November 1944 (Fr)

Der Vormarsch der Amerikaner aus dem Wehebachtal ist trotz hoher Verluste erfolgreich. Nachdem vor zwei Tagen der Waldrand 800 Meter vor Großhau erreicht wurde, stehen die US-Infanteristen nun erneut vor einem leicht ansteigenden freien Gelände und erblicken erstmals das Dorf, nach dem das ganze monatelange Blutvergießen benannt worden ist: Hürtgen. Vom pausenlosen Artilleriebeschuß ist der Ort bereits total zerstört. Wo heute der Wanderparkplatz „Brandenburger Tor“ liegt, treten die GIs aus dem Wald. Doch hier gilt wie schon vor Großhau - die Panzer müssen nach vorn! Überdies ist die Straße von Germeter nach Hürtgen (heutige B 399) nicht nur immer noch in deutscher Hand, sondern beiderseits auch vermint.

In den nördlichen Frontabschnitten scheitern sämtliche Angriffe der mit frischen Truppen verstärkten Amerikaner, da die Deutschen ihre Abwehr vor der Rur massiert haben. Die nördlich Weisweiler vorstoßenden Verbände der 29. und 30. US-Division erreichen Bourheim, bleiben aber vor Kirchberg liegen. Auch Koslar ist nicht zu nehmen. Bei Weisweiler gerät die 104. Division in konzentriertes deutsches Abwehrfeuer und wird in blutige Häuserkämpfe verwickelt.

Der direkte Durchbruch auf Linnich mißlingt ebenfalls. Die aus dem Bereich Würm-Beeck und Lindern vorrückenden Truppen der 84. und 102. Infanterie-Division und der 7. Panzer-Division bleiben im Sperrfeuer der 10. SS-Panzer-Division „Frundsberg", die erst am frühen Morgen herangeführt wurde, um die 9. Panzer-Division abzulösen, liegen.

Die pausenlos attackierenden Jabos zerstören mit einem Bombenvolltreffer die Rur-Brücke bei Linnich.

25. November 1944 (Sa)

In der Nacht haben amerikanische Pioniere damit begonnen, die Straße von Wittscheidt nach Hürtgen (heutige B 399) von Minen zu säubern. Am Morgen rollen die ersten Panzer Richtung Hürtgen, geraten aber auf offenem Gelände in heftiges Abwehrfeuer deutscher Artillerie und Granatwerfer. Zudem versperren Bombenkrater den Weg, und seitwärts der Straße hatten die Deutschen genau an dieser Stelle das gefürchtete Minenfeld in der „Wilden Sau" angelegt.

Die 1. US-Infanterie-Division kann südlich Weisweiler die Wilhelmshöhe und das Dorf Hücheln besetzen, woraufhin die Deutschen ähnlich wie in Eschweiler nachmittags ihre Verteidigungslinie zurücknehmen und Weisweiler kampflos preisgeben. Ein Gegenangriff der Deutschen aus dem Werksgelände des Kraftwerks „Zukunft" wird von amerikanischem Artilleriefeuer zerschlagen.
Im Vormarsch auf die Rur erreichen amerikanische Verbände Koslar, werden aber dort eingeschlossen. Zwei Tage lang müssen sie aus der Luft versorgt werden.

26. November 1944 (So)

Der zweitägige Kampf um Hürtgen beginnt. Den Amerikanern gelingt es, Panzer und Sturmgeschütze nach vorn zu bringen. Sie nehmen das so lange umkämpfte Forsthaus Hürtgen, während die Infanteristen sich im Norden und Westen vor dem offenen Gelände für den Angriff bereithalten. Einen Kilometer lang müssen sich die GIs ohne Deckung heranarbeiten.

Aus dem am Vortag besetzten Weisweiler stoßen die Amerikaner nun entlang der Inde vor und können Frenz und Pützlohn nehmen, um Lammersdorf und Inden wird jedoch fast drei Tage lang hartnäckig gerungen.

Im Kampfgebiet östlich Geilenkirchen erleidet die SS-Division „Frundsberg“ durch stundenlanges Trommelfeuer schwerer Artillerie und konzentrierte Luftangriffe hohe Verluste, die Bodengewinne der Amerikaner sind trotzdem nicht nennenswert.

Amerikanische Infanterie marschiert in das total zerstörte Hürtgen ein.

IX. Kapitel

Hürtgen - die Amerikaner sind endlich am Ziel

27. November 1944 (Mo)

Im Morgengrauen setzen sich die US-Infanteristen aus drei Richtungen auf Hürtgen in Bewegung und erreichen trotz stärker werdenden Abwehrfeuers bald die ersten Häuser - besser gesagt: die Ruinen, denn das langgestreckte Dorf ist bereits total zerschossen. Panzergranaten besorgen den Rest.

Während in Koslar der Häuserkampf tobt, dringen andere amerikanische Einheiten von Pattern her in Kirchberg ein, das am Nachmittag besetzt ist. Die Amerikaner stehen erstmals vor der Rur. Nachts unternehmen sie einen Vorstoß von Inden her auf Altdorf. Gleichzeitig erfolgt der Angriff auch aus Weisweiler in Südostrichtung. Abends stehen die Amerikaner im Südteil von Langerwehe und in Jüngersdorf.

Im fernen Berlin setzt Hitler den Beginn der Ardennen-Offensive auf den 7. Dezember an. Bis dahin sollen laut seinem Befehl die Rur-Brückenköpfe unbedingt gehalten werden.

28. November 1944 (Di)

Die Amerikaner greifen im Morgengrauen mit allen verfügbaren Waffen im Raum Hürtgen an.

Kleinhau und Großhau werden mit Bomben und Bordwaffen der Jabos attackiert, Hürtgen selbst nach Vorbereitung durch die Jabos von Bodentruppen, die bereits am Vortag den Dorfrand erreicht hatten. Es entbrennt ein stundenlanger Häuserkampf.

Obschon die Deutschen sich lediglich noch mit Handfeuerwaffen verteidigen können und die Amerikaner mit Sherman-Panzern vorrücken, dauert es bis zum Nachmittag, ehe das Straßendorf fällt.

Nördlich besetzen amerikanische Infanteristen Langerwehe und Jüngersdorf.

Schwere amerikanische Artillerie und Bomber bereiten den Sturm auf die Rur im Raum Linnich vor, indem sie die Brücken zerstören. Nur noch eine kleine Brücke nördlich von Linnich bleibt erhalten. Floßdorf und Barmen fallen an die Amerikaner, in Welz wird noch hart gerungen.

Großes Aufatmen beim Oberkommando der Alliierten: der Hafen Antwerpen ist frei! Von nun an kann der Nachschub zügiger an die Front rollen.

29. November 1944 (Mi)

Vom besetzten Hürtgen aus stoßen die Amerikaner entlang der heutigen B 399 auf Kleinhau vor, wo die Deutschen nur noch begrenzt Widerstand leisten. Trotzdem ist der Ort ähnlich verwüstet wie Hürtgen. Hier und auch in Kleinhau waren die Verteidiger in letzter Minute durch Einheiten der 3. Fallschirmjäger-Division verstärkt worden, die zum größten Teil aus blutjungen Mitgliedern der Hitlerjugend bestehen.

Beim Vorstoß aus dem Meroder Wald auf Dorf und Schloß Merode geraten zwei amerikanische Kompanien voll ins Abwehrfeuer und werden bis auf ein Dutzend Soldaten aufgerieben.

Am späten Abend haben die Amerikaner den dreitägigen Kampf um Lammersdorf gewonnen, als sich die letzten Deutschen auf das Ostufer der Inde zurückziehen und dort eine neue Verteidigungslinie aufzubauen versuchen.

Im Abwehrbereich der 10. SS-Panzer-Division „Frundsberg“ schießen die Amerikaner während der ganzen Nacht Trommelfeuer auf Würm, Beeck und Brachelen. Nördlich von Gereonsweiler tobt die erbitterte Schlacht den ganzen Tag über, wobei die Amerikaner bis Lindern vorstoßen können.

In der überfüllten Stolberger „Schauburg“ wird die deutsche Diva Marlene Dietrich, die sich für die amerikanische Truppenbetreuung zur Verfügung gestellt hatte, von den GIs stürmisch gefeiert.

30. November 1944 (Do)

Nach Hürtgen und Kleinhau fällt nun auch Großhau, und damit stehen die Amerikaner oberhalb der Rurebene. Auch in Großhau ist die deutsche Abwehr nur noch schwach, das Dorf selbst total verwüstet. Die Deutschen verlegen weitere, für die Ardennen-Offensive bereitstehende Truppenteile an die südliche Flanke der Hürtgenwald-Front.

An der Rurfront beginnt der Kampf um Linnich. Zunächst können die Amerikaner Welz nehmen, während Angriffe auf Rurdorf und Floßdorf abgewehrt werden. Abends stehen die Angreifer dennoch vor Linnich.

Heftige Kämpfe toben in Lindern und Beeck. Am Morgen werden die Amerikaner von einem Gegenangriff der „Frundsberger" überrumpelt und aus dem Ort vertrieben. Am Nachmittag können sie ihn jedoch zurückgewinnen, einschließlich des strategisch wichtigen „Schlackenbergs". Beeck bleibt dagegen in deutscher Hand.

1. Dezember 1944 (Fr)

Nächstes Ziel der Amerikaner im Hürtgenwald sind die deutschen Artillerie-Bastionen auf der Höhe von Brandenberg/Bergstein, die ihnen während der November-Schlachten um Vossenack und Schmidt so ungeheuer zugesetzt hatten. Zwischen Bergstein und Zerkall im Rurtal ist ihnen ferner der strategisch wichtige „Burgberg" ein Dorn im Auge. Von der 401 Meter hohen, weithin sichtbaren Kuppe haben die Verteidiger nicht nur ausgezeichnete Einsicht ins gesamte Kampfgelände, sondern koordinieren auch die Einsätze ihrer Artillerie. Von zwei Seiten greifen die Amerikaner an: über die Höhen auf Brandenberg und von Vossenack aus durchs Tiefenbachtal (Lucasmühle) auf Bergstein. Der Erfolg ist bescheiden - noch können sich die in Unterzahl kämpfenden deutschen Verteidiger behaupten.

Linnich wird trotz heftiger deutscher Abwehr von Süden und Westen umschlossen. Nördlich der Stadt wollen deutsche Tigerpanzer für Entsatz sorgen, schießen sich aber in der von den Amerikanern angelegten Nebelwand gegenseitig ab.

In Lindern können die Amerikaner die letzten deutschen Gegenangriffe abschlagen, und auch Beeck ist nun fest in der Hand der Angreifer.

In Würselen wagen sich wieder die ersten Zivilisten auf die Straße. Die Pfarrkirche St. Sebastian (Im Volksmund „Dom“ genannt) ist schwer in Mitleidenschaft gezogen.

2. Dezember 1944 (Sa)

Der amerikanische Angriff auf Brandenberg bleibt in Minenfeldern und unter deutschem Artilleriebeschuß aus Kommerscheidt und Schmidt liegen. Auch der Vorstoß durch das Tiefenbachtal auf Bergstein kommt nicht voran.

Im Vormarsch auf die nördlich von Düren gelegenen Ortschaften überschreiten zwei amerikanische Kompanien die Inde und dringen in Lucherberg ein, können den Ort jedoch nicht erobern, sondern müssen sich angesichts erfolgreicher deutscher Abwehr wieder zurückziehen. Inden fällt endgültig an die Amerikaner.

Mit massivem Artilleriefeuer eröffnen die Amerikaner den Angriff auf Linnich. Schon am Vormittag erreichen Panzer und Infanterie den Nordrand der Stadt, später dringen sie ins Zentrum vor. Die deutsche Abwehr wird derart überrannt, daß viele Soldaten sich nur schwimmend ans Ostufer der Rur retten können, teilweise jedoch in der durch Hochwasser starken Strömung ertrinken.

Südlich von Linnich erobern die Amerikaner Rurdorf, während Floßdorf in deutschem Besitz bleibt.

Hinter der Front sind die Besatzer bemüht, das Leben der zurückgekehrten Zivilisten wieder in einigermaßen normale Bahnen zu lenken. So wird Oberregierungsrat Hermann Sträter zum ersten Landrat des Kreises Aachen bestimmt. In Aachen selbst beginnt eine dreitägige Erfassung der Bevölkerung.

3. Dezember 1944 (So)

Unterstützt von Jagdbombern besetzen die Amerikaner Brandenberg. Da der deutsche Widerstand nicht mehr groß ist, versuchen sie am Nachmittag von dort aus auch noch Bergstein zu erreichen, werden allerdings von einigen Staffeln deutscher Messerschmidt-Jäger, rund 60 an der Zahl, gestoppt. Es ist der größte deutsche Luftangriff während der ganzen Hürtgenwald-Schlacht.

Die aus Vossenack auf Bergstein angesetzten Verbände können zwar die heftig umkämpfte Lucasmühle im Tiefenbachtal in ihren Besitz bringen, bleiben jedoch an der sogenannten „Hubertushöhe“ westlich des Zielortes hängen. Die Hubertushöhe wechselt dabei mehrfach den Besitzer.

Die Kämpfe werden inzwischen nicht nur durch den Schlamm der endlosen Herbst-Regenfälle erschwert, sondern mehr und mehr auch durch die einsetzende Kälte, die auf beiden Seiten zu den ersten Erfrierungen führt. Hohe Verluste und totale Erschöpfung sind der Anlaß, hüben wie drüben einige Einheiten auszutauschen.

Jülich gerät nun in die Hauptkampflinie. Die westlich der Rur gelegenen Gebiete im Bereich des Stadions und des Geländes um Gut Hasenfeld sind von den Deutschen zu massiven Brückenköpfen ausgebaut worden.

Im Kampfbereich Linnich fällt Floßdorf endgültig an die Amerikaner, während in Linnich selbst die letzten Widerstandsnester von den Angreifern „gesäubert“ werden. Einige Gruppen der SS-Division „Frundsberg“ können sich nach Norden in Richtung Brachelen durchschlagen.

Dort greifen die Amerikaner ebenfalls an. Südwestlich enden die tagelangen Kämpfe um Beeck und den Höhenzug „Krötenhügel“ mit der Besetzung durch die Amerikaner.

4. Dezember 1944 (Mo)

Während die Deutschen an den Eifeltalsperren in Erwartung eines amerikanischen Angriffs nach Süden ihre Abwehrkräfte verstärken, beginnen die Alliierten mit einer Serie von Bombardierungen der Urftsee-Staumauer, um der ständigen Bedrohung einer von den Deutschen ausgelösten Flutung zuvorzukommen. Mit der Zerstörung der Urftmauer sollen die dann in den Rursee stürzenden Wassermassen gleichzeitig den dafür viel zu schwachen Damm von Schwammenauel wegspülen. Doch das bis 11. Dezember dauernde Unternehmen mißlingt - bis auf einige Beschädigungen der Krone hält die Urftseemauer den Bomben stand.

Im Kampfgebiet der Rurfront ist es bis auf Artillerie-Einsätze relativ ruhig. Lediglich der Jülicher Brückenkopf Hasenfeld wird pausenlos, aber ohne Erfolg, von den Amerikanern berannt.

5. Dezember 1944 (Di)

Bei klarem Wetter fliegt die amerikanische Luftwaffe massive Angriffe auf Bergstein, wobei die Bodentruppen mit starken Panzerverbänden das Dorf endlich besetzen können. Die Verteidiger des Burgbergs können sich dagegen behaupten.

Umkämpft ist Lucherberg östlich von Lammersdorf. Hier können die Amerikaner nur mühevoll einen deutschen Panzergegenstoß abwehren.

Aus der Gegend von Großhau und weiter nördlich von Inden starten die Amerikaner Angriffe mit Zielrichtung Rur und Düren.

In Jülich ist der Brückenkopf Hasenfeld weiter heftig umkämpft. Amerikanische Panzer können erstmals den dort angelegten Minengürtel durchbrechen, werden aber wenig später in ihre Ausgangsstellungen zurückgedrängt.

Würselen: Eine Familie, die im Bunker überlebt hat, steht mit ihren Habseligkeiten vor ihrem zerstörten Haus.

6. Dezember 1944 (Mi)

Die Deutschen versuchen mit einem Gegenangriff vergeblich, Bergstein zurückzugewinnen.

In Inden, Lucherberg und Altdorf können die Amerikaner die letzten Widerstände beseitigen, bei Merode erleidet das 26. US-Regiment erneut eine schwere Schlappe. Dorf und Schloß verbleiben im Besitz der Deutschen.

An der Rurfront wird die seit 21. November dem übermächtigen Gegner trotzende SS-Divison „Frundsberg“ abgezogen und durch die 340. Panzergrenadierdivision ersetzt. Bei Otzenrath im Kreis Erkelenz sollen die „Frundsberger“ aufgefrischt werden, um dann bei Bedarf wieder im Angriffsbereich der britischen Verbände eingesetzt zu werden.

Der deutsche Rur-Brückenkopf Hasenfeld in Jülich wird massiv aus der Luft angegriffen. Aber die Verteidiger halten ihre Stellungen gegen die nachsetzenden Bodentruppen.

7. Dezember 1944 (Do)

Die Amerikaner setzen im Kampf um den Burgberg bei Bergstein mehrere, durch Panzerverbände unterstützte Einheiten der bereits bei der Einschließung Aachens im Oktober erfolgreichen „Rangers“-Elitetruppen ein, denen es dann auch gelingt, unter hohen Verlusten das Bollwerk zu stürmen. Mehrfach noch versuchen die Deutschen bis zum Abend vergeblich, die strategisch überaus wichtige Kuppe zurückzugewinnen.

Westlich Gey formieren sich amerikanische Panzer- und Infanterieverbände zum Angriff.

Pausenlos werden die beiden Jülicher Brückenköpfe Stadion und Gut Hasenfeld von den Amerikanern erfolglos angegriffen. Nordwestlich davon bei Koslar und Barmen konzentrieren die Angreifer frische Truppenverbände. Einzelne Stoßtrupps können sogar auf das Ostufer der Rur vordringen, ohne daß es ihnen gelingt, einen Brückenkopf zu bilden.

X. Kapitel

Vorstoß in die Rurebene

8. Dezember 1944 (Fr)

Die Eifel-Staudämme überstehen die schwersten Bombenangriffe seit Beginn der Luftoffensive am 4. Dezember. Insgesamt entladen 205 alliierte Bomber ihre Fracht.

Die letzten und wohl auch verlustreichsten Kämpfe um die Jülicher Brückenköpfe sind entbrannt. Während der ganzen Nacht haben die Amerikaner den deutschen Abwehrriegel nicht nur mit schwerem Artilleriefeuer belegt, sondern auch immer wieder mit Infanterie angegriffen, wobei es vor allem bei Gut Hasenfeld schwere Verluste gibt. Den ganzen Tag über können sich die Deutschen in ihren restlichen Maschinengewehrnestern behaupten, obwohl durch die Zerstörung der letzten Rurstege bei Hasenfeld keine Verbindung mehr zum Ostufer besteht. Erst am späten Abend geben die Deutschen auf: Die letzten Verteidiger ziehen sich auf Schlauchbooten über die Rur zurück.

9. Dezember 1944 (Sa)

Die Rur bildet jetzt im mittleren Frontbereich die Hauptkampflinie. Nur vereinzelt versuchen die Amerikaner, östlich von ihr Fuß zu fassen, so bei Floßdorf. Angesichts der Tatsache, daß die Eifel-Staudämme nach wie vor in deutscher Hand sind, riskieren sie jedoch vorerst keinen größeren Vorstoß. Sie haben nicht nur die Bedeutung der Dämme richtig einzuschätzen gelernt, vielmehr befinden sich in den Händen der 30. Division auch deutsche Papiere, demnach im entscheidenden Moment eine Sprengung der Dämme und Mauern vorgesehen ist. So konzentrieren sie im wesentlichen ihre Truppen zum Vorstoß auf Düren.

Die Höhen des Hürtgenwalds bieten ein trostloses Bild: zerstörtes Kriegsgerät und aufgeweichtes, von Granaten umgepflügtes Gelände.

10. Dezember 1944 (So)

Von Kleinhau und Großhau hinunter eröffnen Einheiten der 83. US-Infanterie-Division den Vormarsch auf Gey und Straß. Teilweise sind die Anmarschwege vermint, so daß vor allem die Panzer immer wieder steckenbleiben. Teile der Infanterie werden bei Straß sogar vorübergehend durch einen deutschen Gegenstoß abgeschnitten.

Auch weiter nördlich beginnt der Großangriff auf den Dürener Raum. Fahrzeuge der 3. US-Panzer-Division stoßen östlich von Langerwehe auf Obergeich, Geich und Echtz vor. Die 104. US-Division erreicht bis zum Abend Pier, Schophoven und Merken. Artillerie-Trommelfeuer hat nicht nur hier, sondern auch in den Ortschaften jenseits der Rur verheerende Verwüstungen angerichtet.

11. Dezember 1944 (Mo)

Trotz eines massierten deutschen Angriffs können sich die in Straß eingeschlossenen Soldaten des 330. US-Infanterie-Regiments behaupten.

An der Rurfront dauern die Artillerieduelle weiter an. Im Dürener Raum greifen die Amerikaner trotz Panzerunterstützung erfolglos Inden, Pier, Schophoven und Mariaweiler an. Überraschend tauchen am Himmel deutsche Schlachtflugzeuge auf und bombardieren die Ortschaften Barmen, Koslar, Merzenhausen, Dürboslar, Freialdenhoven, Floßdorf und Engelsdorf.

In Aachen bilden die amerikanischen Besatzer aus Zivilisten eine Hilfspolizei. Oberbürgermeister Franz Oppenhoff richtet einen ersten Aufruf an die Bevölkerung. Was er schreibt, ist nicht gerade ermutigend: „Es gibt nichts mehr zu verwalten. Alles und jedes ist neu zu erarbeiten. Die Aufgabe scheint hoffnungslos und geht fast über unsere Kraft. Dennoch ist es unsere Gewissenspflicht, die Arbeit anzufangen."

12. Dezember 1944 (Di)

Die Amerikaner schaffen endgültig den Durchbruch zur Rurebene bei Düren. Mit konzentrierter Unterstützung des 744. Panzerbataillons gelingt nicht nur die Befreiung der in Straß eingeschlossenen Infanteristen und damit die Eroberung des Ortes, auch Gey wird besetzt und westlich von Düren Echtz und Merken.

Abends gehen auch die bereits als Dürener Vororte anzusehenden Dörfer Mariaweiler und Schophoven verloren. Inden, das durch die amerikanischen Vorstöße auf die Rur praktisch abgeschnitten ist, fällt nach tagelangen erbitterten Kämpfen ebenfalls an die Amerikaner.

In der Nacht zum 13. Dezember räumen die Deutschen Pier und ziehen sich aufs Ostufer der Rur Richtung Krauthausen zurück.

13. Dezember 1944 (Mi)

Einheiten der 104. US-Division besetzen nachmittags Schophoven. Damit sind die Deutschen praktisch auf der ganzen Linie zwischen Linnich und Düren aufs Ostufer der Rur zurückgedrängt. Aus dem Wenauer Forst heraus gelingt auch ein entscheidener Vorstoß auf Gürzenich, das nachmittags verlorengeht.

Drei Tage vor Beginn der deutschen Ardennenoffensive werden die Amerikaner im Monschauer Kampfgebiet wieder aktiv. Nachdem der Befehlshaber der 1. US-Armee, General Hodges, dem Kommandeur des dort stehenden V. Korps, General Gerow, bereits am 7. Dezember die Order erteilt hatte, nun auch mit Bodentruppen auf die Talsperren vorzustoßen, war die Offensive auf den 13. Dezember terminiert worden. Obschon deutschen Spähtrupps die Truppenkonzentrationen der 78. US-Infanterie-Division im Raum Lammersdorf und der 2. US-Division im Raum Wahlerscheid (an der heutigen B 258 zwischen Höfen und Schöneseiffen) nicht verborgen geblieben waren, werden die Verteidiger von der Angriffswucht des Gegners überrascht. Von Lammersdorf und Paustenbach aus wird am Nachmittag Rollesbroich von den Amerikanern gestürmt. Auch der Durchbruch auf Simmerath gelingt, doch an der Ortsgrenze von Kesternich können die Deutschen das weitere Vordringen stoppen.

Dagegen mißlingt der Angriff der oberhalb des Kalltals festsitzenden Verbände der 8. US-Infanterie-Division auf Kallbrück, da sich die deutschen Bunkerbesatzungen im heißumkämpften Gebiet am Ochsenkopf an der L 160 zwischen Kallbrück und der Reichsstraße 399 (heute B 399) behaupten können.

Aus ihrem Stützpunkt im belgischen Rocherath geht die 2. US-Infanterie-Division durch das unwegsame Waldgebiet auf Wahlerscheid vor, wird aber am ehemaligen Zollübergang (einige hundert Meter von der B 258 entfernt) durch die starken Bodenbefestigungen gestoppt.

14. Dezember 1944 (Do)

Während die Deutschen Teile von Simmerath halten können, setzen die Amerikaner mit Panzern und Infanterie den am Vortag liegengebliebenen Angriff auf Kesternich fort. Dort verteidigt sich ein Regiment der 272. Volksgrenadier-Division mit dem Mut der Verzweiflung, wird aber Meter um Meter zurückgeworfen und hat am Nachmittag den Kampf verloren. Den Amerikanern gelingt es allerdings nicht mehr, weiter auf Rurberg im Osten bzw. Huppenbroich im Süden vorzustoßen.

Im Raum Wahlerscheid kommt die am Vortag gestoppte 2. US-Infanterie-Division nicht weiter. Sie ist hier auf die für die Ardennenoffensive bereitstehende, aufgefrischte und einsatzbereite 326. Volksgrenadier-Division gestoßen. Die Verluste der Amerikaner sind enorm.

Im Vormarsch auf Düren gehen die Amerikaner aus dem Wenauer Forst von Gey aus entlang der Monschauer Landstraße auf Birgel vor. Als der Ort nachmittags genommen wird, stehen die Angreifer praktisch am Ortsrand von Düren (Lendersdorf). Gekämpft wird auch noch in Mariaweiler. Dort müssen sich die Deutschen weiter zurückziehen.

Im nördlichen Teil der Rurfront setzen die Amerikaner ihre Angriffe aus dem Raum Gereonsweiler und Lindern auf Brachelen ohne nennenswerten Erfolg fort.

15. Dezember 1944 (Fr)

In Kesternich fühlen sich die Amerikaner offenbar zu sicher. So entgehen ihnen die Vorbereitungen des Gegners zur Rückgewinnung des Straßendorfes.

Am Nachmittag schlagen die Deutschen nach kurzer, aber gründlicher Artillerie-Vorbereitung zurück: aus dem südwestlich gelegenen Waldgebiet Richtung Tiefenbachtal erobern die Infanteristen den Ort im Handstreich zurück. Die rund 300 dort liegenden amerikanischen Soldaten werden derart überrascht, daß sie praktisch ohne Verluste in Gefangenschaft geraten.

Im Vormarsch auf die südlichen Vororte von Düren nehmen die Amerikaner Berzbuir und Kufferath, am Abend schließlich westlich von Winden/Kreuzau auch noch Bergstein.

XI. Kapitel

Die deutsche Ardennenoffensive: „Wacht am Rhein“ trifft „schlafende“ Amerikaner

16. Dezember 1944 (Sa)

Die deutsche Ardennenoffensive unter dem Decknamen „Wacht am Rhein“, das letzte Aufbäumen der deutschen Wehrmacht an der Westfront, beginnt. Ziel ist es, mit einem Blitzvorstoß über die Maas bis Antwerpen die alliierten Verbände von ihren Nachschubwegen abzuschneiden, einzukesseln und zu vernichten.

Unbemerkt von den Amerikanern sind 250 000 Soldaten in der winterlichen Eifel aufmarschiert und bilden zwischen Monschau und Echternach eine 140 Kilometer lange „Geisterfront“. Alle verfügbaren Kräfte, die an der Ostfront zu entbehren waren, sowie Landsturmreserven waren zusammengezogen worden. 30 Divisionen hat Adolf Hitler auf diese Weise für seine „letzte Schlacht“ aufbieten können - mit 1900 Geschützen, 970 Panzern und rund 1600 Flugzeugen (Jagd- und Aufklärungsmaschinen, Bomber und Schlachtflugzeuge).

Mit drei Stoßkeilen gedenken die Deutschen ihren Durchbruchsplan zu verwirklichen. Im Norden soll die 6. SS-Panzerarmee unter SS-Oberstgruppenführer Sepp Dietrich beiderseits von Lüttich die Maas überqueren und über den Albertkanal direkt auf Antwerpen vorstoßen. Im mittleren Abschnitt zielt der Angriff der 5. Panzerarmee unter General Hasso von Manteuffel über die Maas zwischen Namur und Fumay unter südlicher Umgehung von Brüssel auf die Scheldemündung. Die 7. Armee unter Führung von General der Panzertruppen Brandenberger soll auf Luxemburg vorrücken und gleichzeitig der Manteuffel-Offensive Flankenschutz bieten.

Der britische Kriegshistoriker Hrowe H. Saunders schildert den Auftakt mit folgenden packenden Sätzen: „Am frühen Morgen um 5.30 Uhr spie die Geisterfront mit einem Schlage Feuer. Die Erde erzitterte unter den beinahe pausenlos erfolgenden Einschlägen der Granaten aller Kaliber. Im Hintergrund schossen die schweren Eisenbahngeschütze mit 28- und 38-cm-Kaliber. Die Granaten orgelten über die schlafenden Dörfer hinweg und hämmerten in die erkannten und anvisierten Ziele hinein. Die Lichtbahnen Hunderter Scheinwerfer zerrissen den dichten Nebel dieses Wintermorgens. Das „künstliche Mondlicht" trat in Aktion, um den deutschen Sturmtruppen den Weg zu zeigen. Diese erstmals angewandte Taktik, durch viele Scheinwerfer das Gefechtsfeld auszuleuchten, war nach mehreren Versuchen von GFM Model zugelassen worden, weil auch er sich etwas davon versprach. Die Grenadiere, in ihren Schneehemden fast unsichtbar, lösten sich aus ihren Bereitstellungen und stürmten nach vorn. Hunderte Panzer- und Schützenpanzer-Motoren brüllten ebenso auf wie jene der Geschütze auf Selbstfahr-Lafetten."

70 000 Soldaten der 1. US-Armee, die unter dem Kommando von General Courtney Hodges die bis dahin ruhige Front zwischen Monschau und Echternach halten, sind total überrumpelt.

Obschon die gesteckten Ziele nicht erreicht werden, können die Deutschen am Abend an der gesamten Front beachtliche Erfolge vermelden. Im nördlichen Bereich dringt eine Kampfgruppe des SS-Panzer-Regiments 1 unter Obersturmbannführer Jochen Peiper weit in Belgien hinein auf Bullingen vor. Auch die im Bereich Losheimer Graben stehenden amerikanischen Verbände werden total überrannt.

Monschau kommt mit dem Schrecken davon. Generalmajor Freiherr von Gersdorff, Generalstabschef der 7. Armee, hat bei Sepp Dietrich durchsetzen können, die „Eifelperle" vom Vernichtungsfeuer auszuschließen, da ein zerstörtes Monschau beim Vormarsch nichts nutzen würde. Rund um Monschau tobt dagegen die Schlacht. Alzen wird von den Deutschen zurückgewonnen.

Bei Wahlerscheid gelingt ein deutscher Einbruch in Richtung Elsenborn, während die Einheiten der 277. Volksgrenadier-Division in den Wäldern von Rocherath/Krinkelt nur schlecht vorankommen.

Die Ardennenoffensive hat begonnen. Deutsche Infanteristen stürmen im Raum Wahlerscheid/Rocherath vor.

17. Dezember 1944 (So)

Um 3 Uhr morgens findet der letzte große Fallschirmspringer-Einsatz der Deutschen Wehrmacht im Hohen Venn statt. Oberstleutnant Friedrich August von der Heydte, Kommandeur der deutschen Fallschirmjägerschule, ist gegen Mitternacht von den Flugplätzen Paderborn und Lippspringe mit etwa 1200 Mann gestartet. Im Abwehrfeuer der Amerikaner bleibt dem Einsatz jedoch der Erfolg versagt. Einige der Ju 52 werden abgeschossen, andere setzen die Fallschirmspringer zu weit vom Ziel- und Sammelpunkt, der Straßengabelung bei Mont Rigi, ab. Wie schlecht das „Unternehmen Stösser" vorbereitet war, belegt die Tatsache, daß die ersten Soldaten schon im Raum Bonn (!) abspringen. Jedenfalls kann von der Heydte bis zum Abend lediglich 125 Mann im Zielgebiet um sich scharen.

Mit ihnen schlägt er sich im wahrsten Sinne des Wortes in die Büsche. Warum, das schilderte er später in einem Bericht: „Die Ausrüstung dieser 125 Mann und die Munition, mit der sie gesprungen waren, ist denkbar mangelhaft. Die Waffenbehälter waren nicht aufzufinden... Nach stundenlangem Suchen fanden wir nur einige, worunter Gott sei Dank ein Funksatz zur Verbindung mit der Erdtruppe und ein Granatwerfer mit einigen Schuß Munition waren."

Wie sich dann herausstellte, war das Funkgerät beim Abwurf beschädigt worden, so daß die Aktion praktisch beendet war. Statt den Amerikanern in den Rücken zu fallen, sind die deutschen Fallschirmspringer bemüht, Feindkontakt zu vermeiden, womit sich ihre Tätigkeit in nächtlichen Stoßtruppaktionen erschöpft.

Trotz Treibstoffmangels kommen die Panzerverbände der 6. SS-Armee Dietrich zügig voran, an der Spitze die Kampfgruppe Peiper. Teilweise bewegen sich deutsche Landser in amerikanischen Uniformen ungeniert hinter den Linien des Gegners und zerstören Nachrichtenverbindungen oder versetzen Wegweiser, so daß die Verwirrung bei den Amerikanern riesengroß ist.

Obwohl die Straßen im Losheimer Raum durch die schnell nachrückenden deutschen Verbände und die zurückweichenden Amerikaner verstopft sind, erreichen Panzerverbände der Kampfgruppe Skorzeny Büllingen.

Die Kampfgruppe Peiper ist inzwischen über Honsfeld vorgestoßen, will Malmedy südlich umgehen, um dann auf Stavelot einzuschwenken. Fünf Kilometer vor Ligneuville kommt es an der Straßenkreuzung von Baugnez zu einem Zwischenfall, der als „Massaker von Malmedy" in die Annalen der Ardennenschlacht eingehen wird.

Historiker haben über diesen Zwischenfall, der 71 amerikanische Soldaten das Leben kostete, bis heutezu nach der Wahrheitsfindung recherchiert. Feststeht, daß ein amerikanischer LKW-Konvoi die Fahrt der Peiper-Panzerspitze kreuzt. Die Deutschen eröffnen sofort das Feuer auf die überraschten Amerikaner. 71 Überlebende werden aufgefordert, als Gefangene den Haupttroß der Kampfgruppe Peiper abzuwarten, weil der SS-Komandant selbst eiligst in Richtung Ligneuville weiterfährt, wo sich ein US-Hauptquatier befindet.

Der wenig später eintreffende Troß eröffnet noch einmal das Feuer auf die Gruppe der Amerikaner, die offenbar nicht als Gefangene erkennbar sind. Feststeht nämlich auch (und das ist durch später veröffentlichte amerikanische Fotos belegt), daß einige dieser Amerikaner noch oder schon wieder bewaffnet waren. Alle 71 finden den Tod. Nach Kriegsende durchkämmen amerikanische Untersuchungsgruppen die Gefangenenlager und bringen 1100 Angehörige der 1. SS-Panzerdivision in das Zuchthaus von Schwäbisch Hall. 700 hält man für die Anklageuntersuchung fest. Nach teilweise mit Folterungen und Mißhandlungen erpreßten Geständnissen wird 73 SS-Leuten im Mai 1946 in Landsberg der Prozeß gemacht. 43 einschließlich Peiper werden aufgrund der erpreßten Geständnisse zum Tode verurteilt, der Rest zu lebenslangen oder langjährigen Haftstrafen.

Der amerikanische Verteidiger Oberst Willis M. Everett, ein Rechtsanwalt aus Atlanta, kämpft auch danach bis in die höchsten Instanzen weiter für die Gerechtigkeit in dieser Affäre und kann erreichen, daß weder ein Todesurteil vollstreckt wird noch die Gefangenen ihre Haftstrafen absitzen müssen. Sie werden nach und nach begnadigt. Am 12. Dezember 1956 wird Jochen Peiper als letzter in die Freiheit entlassen.

18. Dezember 1944 (Mo)

Ein fünftägiger Abwehrkampf der Amerikaner um St. Vith beginnt. Aus dem Raum Südlimburg und auch aus Aachen und den umliegenden besetzten Städten und Gemeinden werden Reservetruppen Richtung Ardennenfront in Marsch gesetzt.

Im Monschauer Kampfgebiet toben die Kämpfe um Kesternich weiter. Höfen fällt an die Amerikaner, während die Deutschen im nördlichsten Zipfel ihrer Offensive Rocherath und Krinkelt besetzen.

Die Kampfgruppe Peiper steht vor Stavelot. Es gelingt jedoch nicht, ein nahegelegenes großes Treibstofflager der Amerikaner zu erobern. Mit diesen Vorräten wäre der Benzinmangel, der die deutsche Offensive in den nächsten Tagen systematisch erschlaffen läßt, behoben gewesen.

Südlich konzentrieren die Amerikaner Abwehrkräfte zur Verteidigung von Bastogne.

19. Dezember 1944 (Di)

Kesternich hat mehrfach den Besitzer gewechselt, bleibt aber schließlich nach beiderseits schweren Verlusten in deutscher Hand.

Die hinter Stavelot nach Norden Richtung Spa geschwenkte Kampfgruppe Peiper wird in Stoumont zum Halten gebracht und eingeschlossen. Dafür bahnt sich für die Amerikaner östlich St. Vith eine Katastrophe an: 10 000 Mann werden bei Schönberg eingeschlossen. Rund 9000 von ihnen geraten in deutsche Gefangenschaft.

In Verdun konferiert Dwight D. Eisenhower mit seinen Armeekommandanten über die Lage. Wichtigstes Ergebnis: Es muß alles unternommen werden, damit die Deutschen die Maas nicht erreichen. Ferner werden die im nördlichen Abschnitt zwischen Aachen und dem Selfkant vor der Rur liegenden US-Einheiten dem Oberbefehl des britischen Feldmarschalls Montgomery unterstellt, was bei den Amerikanern für viel Wirbel sorgt. Begründet wird die Maßnahme damit, daß sich der amerikanische General Omar Bradley auf die Verteidigungsaufgaben in den Ardennen konzentrieren kann. Damit unterstehen Montgomery ab sofort die 1. und 9. US-Armee.

Während ein deutscher Tiger-Panzer an die Front rollt, marschieren die Amerikaner kolonnenweise in Kriegsgefangenschaft.

20. Dezember 1944 (Mi)

Den Amerikanern gelingt es, den Angriff der Deutschen im Raum Elsenborn zu stoppen. Gekämpft wird um Kalterherberg, doch der Ort bleibt in amerikanischer Hand. Die aus dem Aachener Raum abgezogenen Einheiten der 1. US-Division (Big Red One) halten das Gelände südlich von Eupen besetzt und bringen den deutschen Vorstoß westlich von Elsenborn im Gebiet Bütgenbach/Faymonville zum Stehen.

Südlich bekommen die Deutschen zunehmend Probleme, da sich die Amerikaner unter Aufbietung aller Kräfte in Malmedy, Stavelot und St. Vith verteidigen. Trotzdem erzielen die Panzereinheiten von Manteuffels und Brandenbergs weiteren Geländegewinn. Von Manteuffel entschließt sich, seine Truppen um das von den Amerikanern erfolgreich verteidigte Bastogne beidseitig herumzuführen und leitet die Panzer-Lehr-Division persönlich Richtung St. Hubert.

XII. Kapitel

La Gleize - der Anfang vom Ende

21. Dezember 1944 (Do)

Im Hohen Venn können sich die in der Nacht zum 17. Dezember abgesprungenen Fallschirmjäger von der Heydtes nicht länger halten. Obschon der Oberstleutnant noch 150 Versprengte „aufsammeln" kann, umfaßt die Kampfgruppe gerade 300 praktisch wehrlose deutsche Soldaten. Von der Heydte befiehlt zunächst den geschlossenen Durchbruch nach Osten, um die deutsche Hauptkampflinie zu erreichen, doch nach einem Scharmützel mit amerikanischen Infanteristen löst er die Einheit auf und ordnet den Rückzug in kleinen Gruppen zu höchstens drei Mann an, die früher oder später in amerikanische Gefangenschaft geraten.

Die Schlacht um St. Vith erreicht ihren Höhepunkt. Da es den Deutschen infolge der aufopfernden amerikanischen Verteidigung dieser Stadt nicht möglich wurde, den Keil zwischen der 6. und 5. Panzerarmee zu beseitigen, um mit vereinten Verbänden auf das Ziel Maas vorzurücken, ergeht der Befehl, die Stadt unter allen Umständen zu stürmen. Vor allem die nördlich angreifende 6. Panzerarmee hat infolge des chronischen Treibstoffmangels erhebliche Probleme: Nachschub (auch Munition) ist auf der bombardierten Eisenbahnstrecke Gerolstein-Prüm liegengeblieben.

Abends gegen 22 Uhr haben die Deutschen ihr Ziel erreicht: der verteidigende US-General Bruce C. Clarke befiehlt den Rückzug des größten Teils der verbliebenen Verbände auf die Höhen westlich von St. Vith.

Südlich St. Vith haben die Verbände der 5. Panzerarmee die Straßen von St. Vith nach Houffalize und St. Hubert sowie nach Vielsalm freigekämpft.

22. Dezember 1944 (Fr)

Im Raum Bütgenbach und im Monschauer Wald können Verbände der 6. SS-Panzerarmee in die amerikanische Verteidigungslinie eindringen, bis zum Abend haben die Amerikaner allerdings ihre Abwehr wieder stabilisiert.

Im Raum Bastogne tritt die deutsche 2. Panzer-Division zum Angriff an, kann jedoch infolge Treibstoffmangels nur die Brückenköpfe jenseits der Ourthe bei Tenneville etwas erweitern. Auch die Panzer-Lehr-Division greift Richtung Rochefort an, quält sich aber ebenfalls mit Spritmangel herum.

Obendrein deutet sich nach tagelangem trübem Winterwetter ein Wechsel zu Hochdruckwetter an, und prompt erscheinen am teilweise aufklarenden Himmel die ersten amerikanischen Jagdbomber.

Obschon der direkte deutsche Angriff auf Bastogne zunächst Fortschritte macht, wird er am Abend gestoppt. Zwei Bataillone der Panzer-Lehr-Division erleiden beim Vorstoß auf Marvie und Remoifosse schwere Verluste. Gegen 22 Uhr ergeht der Befehl, den Sturm auf Bastogne auf den 25. Dezember zu verschieben.

In Monschau nimmt das Drama um das „Unternehmen Stösser" sein Ende. Oberstleutnant von der Heydte, der in der Nacht zum 17. Dezember über dem Hohen Venn mit 1200 Fallschirmjägern abgesprungen war und zwei Tage später bereits die Order zum Rückzug gegeben hatte, schlägt sich - völlig erschöpft und obendrein verwundet - nach Monschau durch, wo er der überraschten amerikanischen Kommandantur einen Brief zukommen läßt, in dem er um Gefangennahme und Transport in ein Krankenhaus bittet. Wenig später stehen amerikanische Sanitäter an seinem Krankenbett.

23. Dezember 1944 (Sa)

Jabo-Wetter. Über dem verschneiten Eifel- und Ardennen-Schlachtgebiet wölbt sich ein stahlblauer Himmel, und es herrscht Eiseskälte. Die Alliierten fliegen den ganzen Tag über Einsätze gegen die deutschen Nachschublinien. Vor allem die Bahnverbindungen im Bereich von Mosel, Ahr und Rhein werden durch schwere Bombardements unterbrochen. Auch das von den Deutschen weiterhin stark bedrängte Bastogne bekommt Unterstützung aus der Luft. In erster Linie können Verpflegung und Munition abgesetzt werden.

Die auf Rochefort vorstoßende deutsche 2. Panzer-Division muß zunächst wegen Treibstoffmangels eine Zwangspause einlegen, bevor sie nachmittags im „Hurra-Stil" in den Ort eindringt. Die Amerikaner leisten jedoch hartnäckigen Widerstand, und die Schlacht tobt die ganze folgende Nacht über.

Andere Panzerspitzen stoßen zügig weiter nach Westen über die Ourthe hinaus vor.

Zwischen Stavelot und Elsenborn beginnen amerikanische Flankenangriffe.

Im Norden ist die Kampfgruppe Peiper nach ihrem Blitzvorstoß nun am Ende. La Gleize wird aufgegeben, und nachdem der Funkwagen gesprengt ist, schlägt sich Peiper mit verbliebenen 800 Mann zur deutschen Hauptkampflinie durch, die nachts erreicht wird.

Die Wende bahnt sich an: Amerikanischer Sherman-Panzer rollt an einem abgeschossenen deutschen „Tiger" vorbei.

24. Dezember 1944 (So)

Die sechste Kriegsweihnacht steht im von den Alliierten besetzten Teil des Rheinlands im Zeichen der Hoffnung auf ein baldiges Ende des Blutvergießens. Im beschädigten Aachener Dom wird um 15 Uhr die Christmette von Bischof Johannes Joseph van der Velden zelebriert. Mit Oberbürgermeister Franz Oppenhoff nehmen auch fünf amerikanische Offiziere teil.

Auch in den umliegenden Städten und Gemeinden läuten die Glocken. In dem unter Dauerstörfeuer der Amerikaner liegenden Jülich erklettern deutsche Soldaten einen schon arg zerschossenen Kirchturm und setzen das Geläut in Gang, woraufhin das Artilleriefeuer des Gegners für eine halbe Stunde eingestellt wird.

An der Ardennenfront begleitet pausenloser Kanonendonner die Heilige Nacht. Am frühen Morgen ist Rochefort von der Panzer-Lehr-Division eingeschlossen worden. Die Panzerspitzen erreichen nachmittags Ciergnon auf halbem Wege zwischen Rochefort und Dinant - das Ziel Maas rückt in greifbare Nähe.

Während Ciergnon trotz starker Gegenwehr genommen wird und die Deutschen schon in Euphorie verfallen, kommt die Hiobsbotschaft: Die nördlich vorstoßende 2. Panzer-Division ist wegen Treibstoff- und Munitionsmangels vorübergehend liegengeblieben und droht durch amerikanische Flankenangriffe eingeschlossen zu werden. General von Manteuffel beordert daraufhin nicht nur die 9. Panzer-Division zu diesem kritischen Punkt, sondern auch Teile der Panzer-Lehr-Division. Plötzlich zeichnet sich ab, daß Dinant und damit die Maas nie erreicht werden wird.

Fünf Kilometer vor der Maas ist am Abend der Vorstoß der 2. Panzer-Division endgültig beendet. Westlich der Ortschaft Marche werden die Deutschen von der frischen und voll ausgerüsteten 2. US-Panzer-Division regelrecht „aufgebracht". Ein großer Teil der 2. Panzer-Division wird aufgerieben, der Rest noch in der Nacht auf Rochefort zurückgenommen.

25. Dezember 1944 (Mo)

Bei klarem Winterwetter steht die deutsche Ardennenfront unter pausenlosen Angriffen der alliierten Luftwaffe. St. Hubert, wo sich das Gros des Stabes der Panzer-Lehr-Division einquartiert hat, wird bombardiert. Ganze Fahrzeugkolonnen der in der weißen Winterlandschaft vorrückenden Einheiten der PLD gehen in Flammen auf. Noch schwerer trifft die Division die vollständige Vernichtung ihrer beiden fahrbaren Panzer-Reparaturwerkstätten sowie der stationären Werkstatt in Birresborn in der Vulkaneifel. Und noch ein Tiefschlag für die Kommandeure der beiden Kampfgruppen vor Dinant: Generalfeldmarschall Model ordnet an, daß alle Fahrzeuge, die nicht zum direkten Angriff benötigt werden, ihren Treibstoff an die Panzer abliefern sollen.

26. Dezember 1944 (Di)

Der Ring um Bastogne wird enger, aber die Amerikaner öffnen von Westen her einen Korridor, durch den pausenlos Verstärkungen und Proviant eingeschleust werden. Außerdem kann die Versorgung aus der Luft fast ungestört vor sich gehen.

27. Dezember 1944 (Mi)

Auf Grund ihrer Verstärkungen rücken die in Bastogne belagerten amerikanischen Einheiten gegen den deutschen Ring vor und können teilweise Bodengewinn erzielen. So wird die Ortschaft Remoifosse zurückerobert. Damit geht die eigentliche Belagerungsphase der Stadt zu Ende. Durch ihr Aushalten haben die Amerikaner den Vorstoß der deutschen Panzereinheiten nördlich und südlich bis vor Dinant entscheidend gehemmt und schließlich zum Erliegen gebracht.

Die 2. US-Panzer-Division schließt südlich Humain ein, wo sich die Reste der deutschen 2. Panzer-Division ergeben müssen.

XIII. Kapitel

An Bastogne scheitern die letzten deutschen Hoffnungen

28. Dezember 1944 (Do)

Die Wende der Ardennenschlacht wird in einem Treffen der beiden alliierten Oberbefehlshaber Eisenhower und Montgomery im belgischen Hasselt dokumentiert, wo die Angriffspläne nach dem Scheitern der deutschen Vorstöße abgesteckt werden.

Demnach verbleibt die 9. US-Armee im Verband der 21. Armeegruppe unter dem Oberbefehl Montgomerys, die 1. US-Armee kehrt dagegen in die 12. Armeegruppe unter den Oberbefehl von General Bradley zurück. Das Ganze geht nicht ohne Kompetenzstreitigkeiten ab.

Im deutschen Wehrmachtsbericht wird die Stagnation der Angriffsaktionen mehr oder minder verschlüsselt wiedergegeben: „Im belgisch-luxemburgischen Raum kam es in allen Abschnitten zu schweren Kämpfen, ohne daß sich die Lage im großen veränderte."

Im übrigen stellen die Deutschen mit Besorgnis fest, daß an der Ardennenfront inzwischen 26 der 44 im Westen stehenden alliierten Divisionen aufmarschiert oder bereits in die Kämpfe verwickelt sind.

Der letzte deutsche Versuch, im Raum Elsenborn die amerikanische Abwehrfront zu durchbrechen, scheitert.

Von Bomben und Granaten umgepflügt, liegt die Stadt St. Vith ausgestorben da.

29. Dezember 1944 (Fr)

An der Nordflanke der Ardennenfront haben die Amerikaner starke Artillerieeinheiten zusammengezogen. Von Kesternich bis Wahlerscheid wird fast pausenlos geschossen. Dadurch sind nicht nur die letzten deutschen Einheiten im Raum Wahlerscheid/Rocherath/Krinkelt gebunden, sondern gleichzeitig wird der bevorstehende Endangriff auf die Eifeltalsperren vorbereitet.

Die Rurfront liegt weiterhin unter amerikanischem Störfeuer von unterschiedlicher Heftigkeit.

SS-Soldaten studieren bei der Kaiserbaracke, in einem VW-Kübelwagen sitzend, die Karte.

30. Dezember 1944 (Sa)

Um Bastogne erreichen die Kämpfe einen neuen Höhepunkt. Während die Amerikaner die 87. Infanterie-Division und die 11. Panzer-Division von Südwesten her in Bewegung setzen, läßt General von Manteuffel die Panzer-Lehr-Division sowie weitere Infanterieeinheiten von Westen und Nordwesten gegen den Bastogne-Korridor vorrücken. Von Westen her greifen die 1. SS-Panzerdivision und die 167. Volksgrenadier-Division an. Ein letzter deutscher Versuch also, den Ring um Bastogne doch noch zu schließen.

Nach beiderseits verlustreichen Kämpfen werden die gesteckten Ziele hüben wie drüben nicht erreicht, aber die Deutschen sind die Verlierer bei diesem „Patt". „Die Offensive hat sich festgelaufen und nicht zum gewünschten Erfolg geführt", gibt General der Panzertruppen von Lüttwitz zu.

Hart trifft die Deutschen vor allem die Niederlage der Panzer-Lehr-Division, die in diesen massiven Kämpfen zum Teil aufgerieben worden ist. Abgesehen vom riesigen Materialverlust zählt man fast 2500 Gefallene und 1500 Verwundete.

31. Dezember 1944 (So)

Zum Jahresende ändert sich das Bild kaum. Im gesamten Abschnitt der Ardennenfront ist die deutsche Offensive zum Stehen gekommen. Heftig umkämpft ist nach wie vor Bastogne, wo frische US-Verbände die Deutschen in ihren Stellungen festhalten.
Die Amerikaner veranstalten mit ihrer überlegenen Artillerie ein regelrechtes „Silvesterfeuerwerk", vor allem auch im Frontabschnitt Monschau.

Die Stadt Aachen zählt zum Jahresende wieder 11 139 Einwohner.

1. Januar 1945 (Mo)

An diesem Neujahrstag gelingt Adolf Hitler der letzte Coup an der Westfront. Unter völliger Geheimhaltung waren in den vergangenen vier Wochen alle verfügbaren Luftwaffeneinheiten im Westen zusammengezogen worden, um einen großen und vielleicht entscheidenden Schlag gegen die alliierte Luftwaffe zu führen. Das „Unternehmen Bodenplatte" hat Flugplätze und Luftbasen in Frankreich, Belgien und Holland zum Ziel.

Vier Stunden lang dauert am frühen Morgen der Einsatz von insgesamt 800 Flugzeugen - immerhin das größte deutsche Luftunternehmen an einem einzigen Tage während des gesamten Zweiten Weltkriegs. 27 Flugplätze werden angegriffen und 700 bis 800 (die genauen Zahlen wurden nie ermittelt) alliierte Maschinen am Boden zerstört. Während Amerikaner und Briten diesen Schlag angesichts ihrer materiellen Überlegenheit ziemlich gelassen wegstecken, endet das „Unternehmen Bodenplatte" für die Deutschen selbst mit einem Fiasko: Rund 300 Maschinen werden abgeschossen - etliche sogar beim Rückflug über dem Rheinland von der eigenen Flak. Schwerer noch wiegt der Tod von 232 Flugzeugführern, unter ihnen etliche bis Ende des Krieges nicht mehr ersetzbare Gruppenkommandeure und Geschwader-Kommodore.

Der deutsche Wehrmachtsbericht gibt die Anzahl der seit Beginn der Ardennenoffensive abgeschossenen oder erbeuteten alliierten Panzer mit „über 1000" an.

Im Kampfraum Bastogne gelingt es den Amerikanern, den deutschen Belagerungsring etwas zurückzudrängen.

XIV. Kapitel

Wende in der Ardennenschlacht: Die Alliierten schlagen zurück

2. Januar 1945 (Di)

Ruhe vor dem Sturm, der am 3. Januar erneut losbricht.

Im deutschen Wehrmachtsbericht heißt es: „Die Schlacht im Großraum Bastogne dauert unter schwer hin- und herwogenden Kämpfen an. Der hartnäckig fortgesetzte Versuch der Amerikaner, mit etwa vier Panzer- und ebensovielen Infanterie-Divisionen die deutsche Front westlich Bastogne einzudrücken und unseren Stellungsbogen östlich und südöstlich der Stadt von drei Seiten zu umfassen, brachte dem Feind bei nur geringfügigem Geländegewinn einen neuerlichen Verlust von über 100 Panzern.

In der Winterschlacht hat der Gegner nach den jetzt vorliegenden Meldungen insgesamt über 400 Geschütze, 1230 Panzer und Panzerfahrzeuge und über 24 000 Gefangene eingebüßt. Seine blutigen Verluste übersteigen 50 000 Mann.“

3. Januar 1945 (Mi)

Die alliierte Gegenoffensive in den Ardennen beginnt um 8.30 Uhr bei Nebel, Eisregen und Schnee - ähnlich wie am 16. Dezember die deutsche Offensive „Wacht am Rhein“. Ziel ist es, von Norden und Süden her auf Houffalize - zwischen St. Vith und Bastogne gelegen - vorzustoßen und die westlich dieser Linie stehenden deutschen Verbände abzuschneiden.

Von Norden greift die 1. US-Armee mit dem VII. Korps unter General Joe Collins an, von Süden sechs Divisionen der 3. US-Armee unter dem Befehl von Panzergeneral George Patton. Gleichzeitig werden die äußersten deutschen Truppenkeile westlich von Houffalize von britischen Verbänden unter General Horrocks angegriffen.

Bis auf die Einnahme einiger unbedeutender Dörfer ist der Anfangserfolg jedoch gering: die Deutschen verfügen immer noch über genügend Kampfkraft, um gegenzuhalten.

Ein Jeep ist hinter einem Sherman-Panzer in Deckung gefahren.

4. Januar 1945 (Do)

Der Zangenangriff der Amerikaner auf Houffalize, um die westlich stehenden deutschen Verbände abzuschneiden, ist nach wie vor nicht von Erfolg gekrönt. Zwischen Bastogne und Wiltz greifen die Deutschen mit derartiger Wucht an, daß sich die dort vorrückende 6. US-Panzer-Division zurückziehen muß. Auch westlich Bastogne erleiden die Amerikaner schwere Verluste, so daß General Patton noch am Nachmittag nach Bastogne fährt, um sich an Ort und Stelle ein Bild vom Stand der Schlacht zu machen. In seinen Memoiren hat er später sein eigenes Tagebuch zitiert: „Wir können diesen Krieg immer noch verlieren."

Seit der Jahreswende herrscht nicht nur grimmige Kälte, es sind auch derartige Mengen Schnee gefallen, daß Kämpfe im freien Gelände immer mehr erschwert werden, weil sich Soldaten und Transportwagen keinen Weg durch den teilweise meterhoch angewehten Schnee bahnen können.

5. Januar 1945 (Fr)

Den deutschen Soldaten, die fast ausnahmslos in Rußland schon einmal den Unbilden eines strengen Winters ausgesetzt waren, macht die Wetterlage an der Ardennenfront weniger zu schaffen als Amerikanern und Briten. So wird auch erklärlich, warum die Deutschen trotz Unterzahl die Angriffe des Gegners immer wieder parieren können.

Im Vormarsch auf Houffalize tun sich die Amerikaner weiterhin schwer. Bei Longchamps erzielt die Panzer-Lehr-Division Erfolge, während südlich Bastogne die 6. US-Panzer-Division von der 1. SS-Panzer-Division regelrecht in die Flucht geschlagen wird.

Im tief verschneiten Monschauer Land bewegt sich die Front wieder. Nachdem die Amerikaner zunächst nur ungeheure Mengen Nachschub herangebracht haben, beginnen Kämpfe um die von den Deutschen noch gehaltenen Bunker an der Straßenkreuzung „Am Gericht" (zwischen Konzen und Simmerath).

6. Januar 1945 (Sa)

Das Ringen um Bastogne geht weiter. Immer wieder versuchen die Deutschen den von den Amerikanern ständig erweiterten Verteidigungsgürtel zu durchbrechen. Nach wie vor ist General der Panzertruppen von Manteuffel davon überzeugt, die Schlüsselposition der gesamten Ardennenfront, die Stadt Bastogne selbst, zu erobern und dem angesichts der materiellen und personellen Überlegenheit des Gegners schon lange aussichtslos gewordenen Krieg im Westen doch noch eine entscheidende Wende geben zu können.

Während die Amerikaner hier nach wie vor in reine Abwehrkämpfe verwickelt sind, können sie weiter nördlich langsam auf Houffalize vorrücken, wobei sie mehrere, angesichts des herrschenden Winterwetters strategisch wichtige Straßenkreuzungen besetzen.

7. Januar 1945 (So)

Am Vorabend hat US-General George Patton einen verstärkten Angriff im Raum Houffalize gefordert, um das Abschneiden der vorgestoßenen deutschen Einheiten westlich der Ortschaft endlich zu realisieren.

Verstärkt durch die 17. Luftlande-Division greifen die Amerikaner am Morgen von Norden her die vor Houffalize gelegene Ortschaft Flamierge an, weil die Deutschen dort an der Straße Marche-Bastogne einen wichtigen Stützpunkt besetzt halten. Im Abwehrfeuer der schweren deutschen Maschinengewehre („Hitler-Sägen“) bleibt der Angriff jedoch bald liegen.

8. Januar 1945 (Mo)

Der am Vortag begonnene Großangriff der Amerikaner wird fortgesetzt. Mehrfach gelingt es, deutsche Truppen einzuschließen. Orte wie Hébronval, Ottré, Joubiéval oder Provedroux werden zurückgewonnen. Um Flamierge wird weiterhin erbittert gekämpft. Die Deutschen können sich behaupten.

9. Januar 1945 (Di)

Mit neun Divisionen greifen die Amerikaner nach einer Strategie von General George Patton auf breiter Front mit Schwerpunkt Houffalize, St. Vith und Wiltz an. Noch aber lassen durchschlagende Erfolge auf sich warten, und der Geländegewinn ist relativ gering.

Dafür beginnen die von permanentem Treibstoffmangel geschwächten deutschen Verbände allmählich mit Absatzbewegungen. Vor allem die Reste der zunächst so erfolgreichen Panzer-Lehr-Division können nicht mehr durchhalten. Die ersten Geschütze werden gesprengt, die Rückzugsoperationen in Richtung Houffalize durch starke amerikanische Luftangriffe erschwert.

Amerikanische Soldaten beobachten den Anflug von Jagdbombern auf die deutschen Stellungen bei Bastogne.

10. Januar 1945 (Mi)

An der Ardennenfront üben die Amerikaner verstärkten Druck auf die langsam zurückweichenden deutschen Truppen aus, die am Nachmittag das im Dezember im Sturm eroberte St. Hubert westlich Bastogne aufgeben. Laroche und Longchamps werden von den Briten zurückerobert.

Im Kampfgebiet Monschau schalten die Amerikaner nun stärker auf Offensive. Immer noch halten die Deutschen die Bunkerkette im Bereich Raffelsbrand-Ochsenkopf oberhalb Kallbrück an der Reichsstraße 399 (heute B 399) und L 160 besetzt. Unter heftigen Kämpfen gehen einige Bunker nach und nach verloren.

Im Südhang des Kalltals „Am Buhlert“ haben die Deutschen ihre Stellungen indes weiter befestigt, weil sie einen baldigen amerikanischen Angriff auf Schmidt erwarten.

11. Januar 1945 (Do)

Der Kampf um Bastogne neigt sich dem Ende zu. Die Deutschen ziehen ihren brüchig gewordenen Belagerungsring unter starkem Druck der Alliierten systematisch zurück. Von Norden und Süden her angreifend, versuchen die Amerikaner, die letzten dort stehenden deutschen Einheiten in der Gegend von Bras durch eine Vereinigung ihrer beiden Kampfverbände abzuschneiden.

Im oberen Kalltal wird weiter verbissen gekämpft. Nach über drei Monaten gelingt es den Amerikanern, das Gebiet Ochsenkopf durch Eroberung des letzten von den Deutschen gehaltenen Bunkers endgültig in ihren Besitz zu bringen. Auf Raffelsbrand können sich Reste der 85. Volksgrenadier-Division halten, ebenso wird das Waldgebiet am südlichen Steilhang des Kalltales unterhalb des „Buhlert“ erfolgreich verteidigt.

Der schneereiche und teilweise extrem kalte Winter erreicht nun auch bei uns den Höhepunkt: in Aachen wird nachts mit minus 20,4 Grad die niedrigste Temperatur seit Aufzeichnung der Wetterdaten registriert.

12. Januar 1945 (Fr)

Die Schlacht um Bastogne geht mit einer der schwersten Niederlagen der Deutschen in dieser Ardennenoffensive zu Ende. Die 90. US-Infanterie-Division dringt von Süden nach Nordwesten vor, während die 6. US-Panzer-Division von Norden her durchbricht. Als sich am Nachmittag diese beiden Verbände bei Bras vereinigen, sind etwa 15 000 deutsche Soldaten, darunter der größte Teil der 5. Fallschirmjäger-Division, im letzten, südlich von Bastogne gehaltenen Frontzipfel eingekesselt.

Die amerikanischen Generäle Bradley und Patton treffen sich umgehend, um den zweiten bevorstehenden Schlag zu koordinieren: das Schließen der Zange bei Houffalize. Auch das Kompetenzgerangel zwischen Bradley und dem britischen Oberkommandierenden Montgomery, dem bekanntlich vorübergehend die 1. US-Armee unterstellt ist, scheint durch einen Brief Montgomerys an den Amerikaner beendet zu sein. „Monty" spricht seine Glückwünsche zu den jüngsten amerikanischen Erfolgen aus und lobt die Zusammenarbeit mit den Korpskommandanten Collins, Ridgway und Gerow. Er schließt mit den Worten: „Wenn Sie bei Bastogne nicht so fest standgehalten hätten, hätte die Lage sehr unangenehm werden können."

Amerikanische Einheiten im Vorstoß von Wenth aus auf Herresbach. Die Ardennen sind in diesen Januartagen total verschneit.

Bei einem deutschen Gegenstoß in den Ardennen ist ein Gehöft in Brand geschossen worden. Die beiden GIs laufen um ihr Leben.

13. Januar 1945 (Sa)

Der US-Angriff auf Houffalize wird von Norden her mit starken und optimal ausgerüsteten Verbänden durchgeführt. Die 30. Infanteriedivision stößt von Malmedy aus vor, die 106. Infanterie-Division und das Fallschirmjäger-Regiment 517 überqueren bei Stavelot die Ambléve und marschieren nach Süden. Auf der rechten Flanke dieses Keils kommt das VII. Korps bis auf vier Kilometer an Houffalize heran.

Von Süden her greifen Pattons Verbände an, während das III. Korps auf St. Vith und Wiltz vorgeht. Westlich von Houffalize erreichen amerikanische und britische Verbände die Ourthe. Nur noch rund 15 Kilometer sind die Armeen auseinander - die Lage für die Deutschen wird immer kritischer.

14. Januar 1945 (So)

Südlich von Malmedy liefern die Deutschen unter hohen Verlusten zwischen Salm und Ourthe ihre letzten Rückzugsgefechte. Am Ende ihrer Kräfte, ohne Treibstoff und Munition sind sie nicht nur dem ungeheuren Druck des übermächtig gewordenen Gegners ausgesetzt, sondern auch den Unbilden des strengen Winters: viele Landser sterben - ohne ausreichenden Proviant und Schutz vor der Kälte - an Erfrierungen.

Mit pausenlosen Bombardements zerstört die alliierte Luftwaffe in diesen Tagen die deutschen Nachschub- und Rückzugswege. Nachdem in Köln bereits am 6. Januar die Südbrücke den Bomben zum Opfer gefallen war, folgt heute die Autobahnbrücke Rodenkirchen, so daß nur noch die allerdings schon schwer beschädigten Deutzer- und Hohenzollernbrücken zur Verfügung stehen.

15. Januar 1945 (Mo)

Während die Amerikaner von Norden her dicht vor Houffalize stehen, werden die von Süden her angreifenden Verbände Pattons von den in diesem Frontabschnitt nur zäh zurückweichenden Deutschen aufgehalten. General Patton begibt sich am Nachmittag persönlich an die Front, um sich ein Bild der Lage zu machen und seine Soldaten zu animieren.

General Bruce C. Clarke vereitelte mit der Verteidigung St. Viths die deutschen Offensivpläne.

XV. Kapitel

Die deutsche Selfkantfront bricht zusammen

16. Januar 1945 (Di)

Mit dem Unternehmen „Blackcock“ beginnt die alliierte Frühjahrsoffensive, deren Ziel es ist, so weit und so schnell wie möglich ins Innere Deutschlands vorzustoßen. Als sich in der Ardennenschlacht die Wende anbahnte, wurden die Weichen von den Generälen unter dem Oberkommandierenden Dwight D. Eisenhower konkret gestellt.

Um die Vorstöße im Norden und Süden zu realisieren, muß allerdings erst einmal das Rheinland endgültig erobert werden. Bekanntlich sind die Eifeltalsperren und deren Umland immer noch fest im Besitz der Deutschen, und die Amerikaner und Briten haben entlang der Rur bis hinauf zur niederländischen Grenze eine Art Winterpause eingelegt, deren Gründe bereits dargestellt wurden.

Die Endphase der Schlacht um das Rheinland wollen die Alliierten mit drei „Operations“ einleiten: „Veritable“ nennt sich der geplante britische Vorstoß aus dem Raum Nymegen bis in das Gebiet Geldern-Xanten, der für den 8. Februar angesetzt ist; südlich schließt sich das Unternehmen „Grenade“ an - von der Rurlinie bis nördlich Düsseldorf mit Ziel Ruhrgebiet; „Lumberjack“ schließlich betitelt sich der Vorstoß der Amerikaner aus der Eifel heraus auf den Raum südlich von Köln.

Damit „Grenade“ überhaupt starten kann, muß die sogenannte „Heinsberger Tasche“ - die deutschen Stellungen in einem vorgeschobenen Dreieck zwischen der von Tripsrath durch den Selfkant bis zum Juliana-Kanal und dann nach Norden bis Roermond verlaufenden Frontlinie - „gesäubert“ werden. Dazu ist die Operation „Blackcock“ vorgesehen.

Am Morgen beginnt sie mit einem Vorstoß der britischen Divisionen entlang des Juliana-Kanals nach Norden und Nordwesten. Nachmittags wird Waldfeucht bombardiert.

Ein denkwürdiger Tag ist dieser 16. Januar auch in der Ardennenschlacht. Die von Norden und Süden auf Houffalize vorstoßenden amerikanischen Verbände vereinigen sich: westlich von diesem Punkt sind 20 000 deutsche Soldaten abgeschnitten und gehen in den nächsten Tagen in Gefangenschaft.

Britische Dreschflegelpanzer zur Beseitigung von Minenfeldern bei Heinsberg im Einsatz.

17. Januar 1945 (Mi)

Gegen die stark befestigten deutschen Stellungen im Selfkant kommen die Briten bei ihrer „Operation Blackcock" nur mühsam voran. Zudem setzt Tauwetter ein. Der britische Chronist R.W. Thompson schreibt: „Das Terrain war entsetzlich, die Kombination von Stolperdrähten und Minen in dem Gemisch von Eis, Schnee und Matsch tödlich."

Nachmittags erreichen die Briten das niederländische Städtchen Susteren.

In den Ardennen stabilisiert sich die Lage für die Amerikaner um Houffalize. Montgomery gibt den Oberbefehl über die 1. US-Armee an General Omar Bradley zurück, was nicht nur diesen, sondern auch dessen Kollegen General Patton zu weiteren Taten animiert: er begibt sich zu seinen Einheiten, die auf Wiltz und St. Vith vorstoßen.

Der deutsche Wehrmachtsbericht verschweigt die Tragödie um die 20 000 westlich von Houffalize abgeschnittenen deutschen Soldaten und widmet der zu Ende gehenden Ardennenschlacht nur diesen einen Satz: „Östlich und nordöstlich von Bastogne wird erbittert um einzelne Ortschaften gekämpft."

18. Januar 1945 (Do)

Die 52. britische Lowland-Division unter Generalmajor E.H. Smith greift aus dem Raum Sittard/Tüddern an. Ein Trommelfeuer aus 300 Rohren belegt die Ortschaften Stein und Lind. Als die Infanterie nachstößt, leisten die Deutschen erbitterten Widerstand. Auch Havert und Breberen werden unter Mörserfeuer genommen und später gestürmt, ebenso Schalbruch. Erfolgreich ist ferner ein Vorstoß nach Osten über Heider, das noch am Abend fällt, womit die Vormarschstraße für die 52. Division nach Höngen geöffnet ist.

Im gesamten Bereich der Ardennenfront rücken die Amerikaner gegen die sich zurückziehenden Deutschen zügig nach. Die 1. US-Infanterie-Division öffnet eine Bresche Richtung St. Vith für die 7. Panzer-Division. Im Süden ziehen sich die Deutschen aus Diekirch zurück.

19. Januar 1945 (Fr)

Bereits beim Morgengrauen setzen die Männer der 52. britischen Infanterie-Division im Selfkant zum Sturm auf Höngen an, das von Norden her genommen wird, nachdem es den Pionieren gelungen ist, eine Brücke für schweres Kriegsgerät über den Saeffelbach zu schlagen. Nachmittags verlegt die Division ihr Hauptquartier in den Ort.

Der Angriff geht bei starkem Schneesturm weiter in nordöstliche Richtung auf Saeffelen. Trotz des heftigen deutschen Abwehrfeuers haben die Briten den Ort am Abend besetzt.

Vor allem über den Ardennen tobt an diesem Tag der Schneesturm, so daß die Amerikaner den geplanten Direktangriff auf St. Vith verschieben. Trotzdem erreichen sie mit dem Emmelser Wald die letzte Anhöhe vor der Stadt.

Südlich rücken amerikanische Einheiten zügig zwischen Sauer und Our vor. Der deutsche Widerstand ist nur noch gering.

20. Januar 1945 (Sa)

Nach mehrstündigem nächtlichem Trommelfeuer greifen die Briten im Selfkant erneut mit aller Kraft in Richtung Heinsberg an. Breberen und Langbroich fallen, später auch Bocket.

Noch am selben Abend beginnt der geplante Angriff auf Waldfeucht und Echterbosch. In Waldfeucht gibt es starken deutschen Widerstand. Gegen Mitternacht sind nur einige Straßenzüge im Besitz der Briten.

Die Ardennenschlacht geht ihrem Ende entgegen. Die 6. Panzer-Division unter Sepp Dietrich und die 5. Panzer-Division unter Hasso von Manteuffel ziehen sich jetzt auf breiter Front zurück. Immer noch tobt der Schneesturm und hindert die Amerikaner an schnellerem Nachsetzen.

Britische Infanteristen marschieren in Breberen ein.

21. Januar 1945 (So)

In Waldfeucht kommt es zu erbitterten Straßenkämpfen, die den ganzen Tag über andauern. Die Engländer müssen die nachts eroberten Ortsteile gegen starke deutsche Gegenangriffe verteidigen. Schwerer Artilleriebeschuß zerstört den Ort vollständig. Aber selbst mit Einsatz von Tigerpanzern gelingt es den Deutschen nicht, die Engländer wieder zu vertreiben.

Im südlichen Abschnitt der Ardennenfront erzielen die Amerikaner gegen die zurückweichenden Deutschen erhebliche Geländegewinne. Als sich der Schneesturm legt, geht auch der Angriff in Richtung St. Vith zügig weiter.

22. Januar 1945 (Mo)

Das fast zwei Tage lang heftig umkämpfte Waldfeucht fällt endgültig an die Engländer. Die deutschen Verteidiger treten entweder den Rückzug an oder ergeben sich. Selsten, Braunsrath, Waldenrath und Schierwaldenrath gehen ebenfalls verloren.

Bei St. Vith rücken die amerikanischen Verbände mit ihrer Zangenbewegung immer näher aufeinander zu. General Hasbrouck, Kommandeur der 7. Panzer-Division, stellt es Oberst Bruce Clarke frei, die Stadt zurückzuerobern. Clarke war es, der St. Vith einen Monat zuvor lange genug verteidigt hatte, um die deutsche Offensive entscheidend ins Stocken zu bringen.

Die Stadt Aachen wird wieder mit Trinkwasser versorgt, das allerdings vor Gebrauch abgekocht werden muß.

23. Januar 1945 (Di)

Die „Operation Blackcock" ist jetzt auch im westlichen Abschnitt erfolgreich: die am rechten Maasufer vorrückenden Briten stehen vor Montfort.

Im Heinsberger Raum greifen die Amerikaner ins Kampfgeschehen ein. Die seit Dezember im Abschnitt Würm-Beeck-Lindern stehende 102. Infanterie-Division setzt sich nach Nordwesten hin in Bewegung, so daß der Fall von Heinsberg nur noch eine Frage der Zeit ist. Bereits in der Nacht gruppieren sich bei Aphoven die britischen Verbände zum Sturm auf die Stadt.

In den Ardennen steigt die letzt Schlacht. Unter Führung von Oberst Bruce Clarke, der das Angebot General Hasbroucks vom Vortag (als Verteidiger von St. Vith im Dezember nun auch die Stadt zurückzuerobern) natürlich sofort angenommen hatte, wird die letzte deutsche Bastion der „Wacht am Rhein" nachmittags aus drei Richtungen angegriffen.

Der englische Historiker Hrowe H. Saunders schildert die Vorgänge so:
„Die Korpsartillerie eröffnete den Angriff mit einem einstündigen Trommelfeuer. Als die Angriffsspitzen den Feuerbereich der am Rand von St. Vith in ihren Stellungen liegenden deutschen MG-

Trupps und der Infanterie erreichten, eröffneten die Deutschen das Feuer. Der Kampf dauerte rund 90 Minuten, dann hatten die drei Sonderverbände den Einbruch geschafft und räumten die Häuser und Ruinen aus, in denen sich immer noch deutsche Grenadiere verteidigten. Der Kampf dauerte auch nach Dunkelwerden an; erst gegen Mitternacht verstummte das MG-Feuer und das Bersten der Handgranaten. St. Vith war wieder in den Händen der amerikanischen Truppen, die diese Stadt vor Wochen hatten aufgeben müssen. Damit war die Schlacht in den Ardennen beendet.“

24. Januar 1945 (Mi)

Die ganze Nacht hindurch kreisen die britischen Verbände Heinsberg ein. Um 6 Uhr morgens beginnt der Angriff von drei Seiten. Trotz heftigen deutschen Abwehrfeuers auf die über freies Gelände von Aphoven her vorrückenden Engländer dauert der Kampf um die Stadt nur einige Stunden. Die Engländer säubern die Keller der Ruinen mit tödlichen Salven aus Flammenwerferpanzern und Handgranaten, so daß der deutsche Widerstand bald erlischt. Lediglich im Süden der Stadt haben die von Schafhausen her angreifenden Verbände einige Schwierigkeiten. Am Nachmittag befindet sich Heinsberg - oder besser gesagt: was von der Stadt übriggeblieben ist - fest in britischer Hand.

Auch das niederländische Montfort wird von den Briten genommen. Hier gibt es zahlreiche Tote unter der Zivilbevölkerung, denn in dem 1500-Seelen-Städtchen waren die Keller mit schätzungsweise 8000 Flüchtlingen aus den umliegenden Ortschaften vollgepfropft und drei Tage lang schwerem Artilleriebeschuß ausgesetzt.

In den Ardennen rücken die Amerikaner systematisch hinter den zurückweichenden deutschen Restverbänden auf die Reichsgrenze vor und säubern weitere Bereiche östlich von Houffalize und St. Vith.

Nach dem Fall der Stadt treffen die amerikanischen Generäle Bradley, Hodges und Patton im Hauptquartier der 3. Armee zusammen, um das weitere Vorgehen zu besprechen und festzulegen. In Aachen erscheint mit den „Aachener Nachrichten“ die erste Zeitung für das besetzte Deutschland.

25. Januar 1945 (Do)

Über die Situation nach dem Fall von Heinsberg schreibt der Heinsberger Heimathistoriker Wilhelm Frenken: „Das Hauptziel ist zwar erreicht, doch der britische Zeitplan, der eine Frist von zehn Tagen für die am 14. Januar begonnene Operation Blackcock vorsah, kommt in Verzug. Der Grund hierfür liegt einmal an den widrigen Witterungsbedingungen und schlechten Straßenverhältnissen, zum anderen am unerwartet hartnäckigen Widerstand der deutschen Verteidiger, besonders im Bereich der 7. britischen Panzer-Division in Südlimburg."

Die 52. britische Division rückt auf Haaren vor und über die Oberbrucher Ortsteile Grebben und Eschweiler bis Dremmen. Widerstand gibt es hier nicht, denn die Deutschen haben sich bereits zurückgezogen.

Britische Panzer in der zerstörten Heinsberger Innenstadt.

26. Januar 1945 (Fr)

Von Montfort aus gehen die Briten auf Posterholt vor, wo die Deutschen sich verbissen verteidigen. Bei Vlodrop bombardieren die Alliierten die letzte, noch intakte Rurbrücke, um dem Gegner den wichtigsten Rückzugsweg abzuschneiden. Die Brücke hält allerdings stand und wird erst zwei Tage später von den zurückweichenden Deutschen gesprengt.

Während die amerikanische Heeresleitung den letzten Schlag zur Säuberung der Ardennen für den 27. oder 28. Januar terminiert, gerät der Rückzug der Deutschen regelrecht zur Flucht. Wegen Treibstoffmangels müssen die meisten der noch intakten Fahrzeuge liegenbleiben. In langen Kolonnen marschieren die Landser halb verhungert und erfroren nach Osten. Da die Amerikaner tagsüber die Szenerie mit Artillerie und vor allem Tieffliegern nach Belieben beherrschen, tauchen die meisten Deutschen in Wäldern unter und setzen nachts ihren Rückmarsch fort.

Amerikanische Infanteristen in Tarnkleidung säubern das total zerstörte St. Vith.

27. Januar 1945 (Sa)

Der Kampf um die „Heinsberger Tasche“ ist praktisch beendet. Die Deutschen können lediglich einen kleinen Brückenkopf am Westufer der Rur südwestlich von Roermond bis Anfang März halten.

Der britische Oberbefehlshaber Montgomery schilderte die Lage später so: „Im Grunde hatte es sich um eine große Säuberungsaktion gehandelt, die unter sehr schwierigen Umständen vorgenommen worden war. Der Feind hatte beträchtliche Verluste erlitten.“
Der Wehrmachtsbericht weiß immer noch Erfolge von der ausklingenden Ardennenschlacht zu vermelden: „In den Abschnitten von St. Vith und nordwestlich Wiltz schlugen unsere Truppen die angreifenden Amerikaner zurück oder brachten sie im Hauptkampffeld zum Stehen.“

Wie sich die Lage in Wirklichkeit darstellt, schildert der englische Historiker John Toland in seinem Buch „Ardennenschlacht 1944“ in ziemlich drastischer Form so: „Wie ein riesiges blutendes Tier kroch die „Wacht am Rhein“ nach Deutschland zurück. Soldaten taumelten durch den Schnee, die Füße mit Sackfetzen umwickelt, gehetzt vom eisigen Wind, von Granaten und Bomben. Hinter ihnen lag ein Friedhof von Panzern, Lastwagen und Geschützen. Verwundete und Kranke schleppten sich nach Osten - mit faulenden Eingeweiden, von der Kälte geschwollenen Nasen, verlaust, mit nässenden, frierenden Geschwüren, manche mit eitrigen Löchern, wo einst die Ohren waren... Alle erfüllte nur ein Gedanke: zu entkommen. Auf den Kragen der Männer erstarrte der Atem zu Eis. Mit erfrorenen Füßen humpelten sie ostwärts, die Herzen erstorben, die Körper zerfressen. Die Ruhr wütete in ihren Reihen und ließ hinter ihnen im Schnee ihre jämmerliche blutrote Spur zurück.“

28. Januar 1945 (So)

Am Ende der Ardennenschlacht haben die Amerikaner die Deutschen praktisch wieder in die Ausgangsstellungen zurückgedrängt und starten gleichzeitig ihre Offensive in Richtung Rhein. Die Armeen haben sich neu formiert und sind aufgefüllt worden. Verschiedene Einheiten kehren vorübergehend in ihren alten Quartiere zurück.

So tauchen an diesem Sonntagmorgen die Männer der „Big Red One“ wieder im Aachener Raum auf und werden von den Einwohnern freudig begrüßt. Und das hat zweierlei Gründe: Zum einen haben sich während der Besatzungszeit von Oktober bis Mitte Dezember zwischen den Soldaten und der verbliebenen deutschen Zivilbevölkerung zum Teil regelrechte freundschaftliche Kontakte ergeben (wobei ganze Familien von den Amerikanern „durchgefüttert“ wurden), zum anderen waren die Leute mit dem Auftreten der belgischen Streitkräfte, die während der Ardennen-Schlacht die amerikanischen Quartiere belegt hatten, nicht immer einverstanden.

29. Januar 1945 (Mo)

Während die Amerikaner aus den Ardennen heraus wieder auf deutsches Gebiet vorstoßen, wird Bilanz gezogen. Die Alliierten beklagen in den fünf Wochen der Ardennen-Schlacht 8607 Gefallene, 21 144 Vermißte und 47 139 Verwundete. Von deutscher Seite werden folgende Zahlen genannt: 10 749 Gefallene, 22 388 Vermißte und 35 169 Verwundete.

Die Engländer machen sich sogar die Mühe und zählen die Panzerwracks im damaligen Regierungsbezirk Aachen. Sie kommen auf 1240, davon 142 deutsche.

XVI. Kapitel

Kampf um das Monschauer Land und die Eifel-Talsperren

30. Januar 1945 (Di)

Im nördlichen Bereich der Ardennenfront gehen die Flucht der deutschen Truppen und die Generaloffensive der Amerikaner auf die Eifeltalsperren nahtlos ineinander über.

Nach wochenlangem Geplänkel um einzelne Bunker oder Ortsteile bricht der Angriff auf der gesamten Frontlänge zwischen Simmerath und Wahlerscheid los. Auf der deutschen Seite stehen nur noch durch Einsätze in den Ardennen geschwächte Einheiten der 62. und 272. Volksgrenadier-Division, während die Amerikaner mit vier aufgefrischten und vollausgerüsteten Infanterie-Divisionen sowie einer Panzer-Division losstürmen.

Bereits am Vormittag fällt Rohren an die aus dem Gebiet Monschau-Höfen vorrückenden Truppen der 9. US-Infanteriedivision. Im Laufe des Tages folgen Alzen, Huppenbroich, Eicherscheid, Konzen und Imgenbroich.

Aus dem Bereich Simmerath-Rollesbroich rückt die 78. US-Infanterie-Division mit Zielrichtung Schwammenauel vor.

Auf belgischem Terrain können die Amerikaner Rocherath und Krinkelt zurückerobern und marschieren weiter Richtung Straßenkreuzung Wahlerscheid, wo sie im Dezember beim Ausbruch der deutschen Ardennenoffensive schon einmal gestanden haben.

31. Januar 1945 (Mi)

Die Amerikaner setzen ihre Offensive im Monschauer Land mit Erfolg fort. Nördlich der Reichsstraße 258 (heutige B 258 Monschau-Schleiden) marschieren sie im meterhohen Schnee durch die Wälder und besetzen das Forsthaus Rothe Kreuz. Von Imgenbroich aus wird Menzerath genommen und die von Rohren aus vorstoßenden Einheiten besetzen Widdau, so daß Monschau endgültig aus dem Frontbereich fällt und die Westwallinie südlich Aachens bis Wahlerscheid erstmals ganz im Besitz der Amerikaner ist. Über vier Monate lang haben die zurückgebliebenen Bewohner der „Eifelperle" Monschau zittern müssen.

Die Deutschen reagieren auf die heftigen amerikanischen Vorstöße mit Zurücknahme der Frontlinie auf Dedenborn-Finkenauel-Leykaul-Wahlerscheid.

Der Deutsche Wehrmachtsbericht meldet indes: „Die zahlreichen Angriffe, die die 1. amerikanische und Teile der 3. amerikanischen Armee an der gesamten Front zwischen Monschau und St. Vith auch gestern führten, blieben nach heftigen Kämpfen in der Tiefe unseres Hauptkampffeldes liegen."

1. Februar 1945 (Do)

Die deutschen Verteidigungslinien im Bereich Monschau bröckeln weiter ab. Die von Rocherath und Krinkelt fast ungehindert vorrückenden US-Infanteristen besetzen die im Dezember tagelang umkämpfte Kreuzung der Reichsstraße 258 am Forsthaus Wahlerscheid nunmehr endgültig. Die Amerikaner haben sie „Heartbreak Crossroads" getauft - Straßenkreuzung der Verzweiflung.

Als erste öffentlich-rechtliche Körperschaft im besetzten Gebiet wird in Aachen die Handwerkskammer wiedergegründet. Zwei Tage später findet unter Leitung von Oberbürgermeister Franz Oppenhoff die erste Vollversammlung statt, auf der der Maschinenbauer und Mechanikermeister Walter Bachmann zum Präsidenten gewählt wird.

2. Februar 1945 (Fr)

Im oberen Rurtal bricht die deutsche Abwehr zusammen. Notdürftig wird eine schwache Verteidigungslinie vor Erkensruhr errichtet, wobei Hirschrott, Finkenauel und das Gebiet um Forsthaus Dedenborn verlorengehen. Auch Dedenborn selbst ist nicht mehr zu halten.

Die von Rollesbroich angreifenden amerikanischen Einheiten können das seit Monaten von den Deutschen erfolgreich verteidigte Gebiet um Kallbrück besetzen.

Südlich Wahlerscheid gelingt den Amerikanern der Durchbruch in Richtung Schleiden. Schöneseiffen und Harperscheid, an der Reichsstraße 258 gelegen, werden von der 2. US. Infanterie-Division genommen, die 9. stößt Richtung Gemünd vor. Aus dem Monschauer Forst zielt der Angriff direkt auf Dreiborn.

Weiter südlich müssen die Deutschen sich aus Udenbreth zurückziehen.

3. Februar 1945 (Sa)

Das wegen seiner Höhenlage über den Talsperren strategisch wichtige Dreiborn wird von den Deutschen noch einige Stunden hartnäckig in erbittertem Häuserkampf verteidigt, bevor sich die letzten Landser zurückziehen.

Erfolgreich sind die Amerikaner auch im Bereich des heutigen Truppenübungsplatzes Vogelsang, wo die Panzerspitzen Herhahn erreichen und eine Anzahl der dort monatelang präzise feuernden deutschen Artilleriekanonen erbeuten.

Durch das Tal der Erkensruhr erreichen die Amerikaner Einruhr, und weiter nördlich geht das Ringen um Kesternich zu Ende. Noch einmal kommt es in dem Straßendorf, das bereits im Dezember mehrfach den Besitzer gewechselt hatte, zu verlustreichen Häuserkämpfen, bevor die Amerikaner endgültig die Oberhand behalten.

4. Februar 1945 (So)

Über Wollseifen und die Burg Vogelsang stoßen Einheiten der 9. US-Infanterie-Division in Richtung Urftsee hinab und stehen wenig später auf der Staumauer. Auch der Rursee wird an diesem Tage von den ersten Amerikanern erreicht: von Kesternich aus gelingt es ihnen fast mühelos, Rurberg in ihren Besitz zu bringen.

5. Februar 1945 (Mo)

Schmidt, das bittere Ende für die Amerikaner in der „Allerseelenschlacht um Vossenack", ist immer noch ein Alptraum. Nachts gegen 3 Uhr startet der mehrtägige Angriff auf den Ort, in dem sich die Deutschen seit November praktisch unbehelligt fühlen durften. Zunächst rücken die Amerikaner vom Kalltal her auf Strauch vor. Im südlichen Kampfabschnitt fällt Hellenthal.

6. Februar 1945 (Di)

Der amerikanische Angriff auf Schmidt kommt nur mühsam voran. An Strauch vorbei in östlicher Richtung vorstoßende Truppen können zwar das oberhalb Woffelsbach gelegene Hechelscheidt nehmen, doch weitere Erfolgsmeldungen gibt es nicht.

Im Süden setzen die Amerikaner trotz schwacher deutscher Gegenwehr aus ziemlich unerklärlichen Gründen den Angriff auf Schleiden und Gemünd nicht fort.

7. Februar 1945 (Mi)

Der direkte Weg der Angreifer auf Schmidt führt über Strauch und Steckenborn. Beide Ortschaften sind tags zuvor durch die Einnahme von Hechelscheidt abgeschnitten worden. Die deutschen Verteidiger wehren sich jedoch im wahrsten Sinne des Wortes bis zur letzten Patrone. Als die Amerikaner die beiden Dörfer endlich erobert haben, steht praktisch kein Stein mehr auf dem anderen.

Während von dort noch einige Kilometer Landstraße oberhalb des „Buhlert" bis nach Schmidt zu bewältigen sind, können andere US-Einheiten vom Kalltal aus auf Kommerscheidt vorstoßen und erreichen abends die ersten Häuser von Schmidt. Zwei Tage lang dauern die verbissenen Kämpfe um den Ort noch an.

8. Februar 1945 (Do)

Im Kampf um den Rurdamm Schwammenauel rücken die Amerikaner von mehreren Seiten auf Hasenfeld vor, das von den Deutschen zunächst erfolgreich verteidigt werden kann.

Jetzt, wo das Ende der Schlacht um die Eifeltalsperren unmittelbar bevorsteht und der Weg für die Amerikaner Richtung Köln und Bonn frei wird, verlagert sich das Kriegsgeschehen wieder nach Norden: Die Briten starten aus den Stellungen nördlich Roermond bis Nijmegen ihre „Operation Veritable“ - die Offensive auf den Niederrhein.

In der Nacht werden Kleve, Emmerich, Goch und Kalkar mit Bombenteppichen belegt, am frühen Morgen schießen über 1000 Kanonen Trommelfeuer auf das gesamte Gebiet. Mit über 500 Panzern beginnt der Angriff der Bodentruppen (XXI. britische Armeegruppe).

9. Februar 1945 (Fr)

Noch einmal können die Deutschen einen kleinen Erfolg gegen ihren übermächtigen Feind verbuchen. Während amerikanische Pioniere nachts den Staudamm Schwammenauel nach Sprengsätzen absuchen, zerstören zurückgelassene deutsche Sprengkommandos ein Grundablaßrohr und die Druckrohrleitung, die vom Kermeterstollen aus der Urfttalsperre zum Kraftwerk Heimbach verläuft.

Als Folge davon steigt die Rur um rund einen Meter und flutet kilometerweit die Auen am Mittel- und Unterlauf, wo die Alliierten ursprünglich für den 10. Februar ihre „Operation Grenade“, das Überschreiten des Flusses im Bereich zwischen Düren und Heinsberg, starten wollten.

10. Februar 1945 (Sa)

Die Schlacht um die Eifeltalsperren ist beendet und die Amerikaner haben ihre Schmach getilgt: in Schmidt werden die letzten deutschen Verteidiger gefangengenommen oder zur Flucht durch die Wälder gezwungen.

Der Weg nach Köln wäre praktisch frei, wenn es das Problem mit dem Überschreiten der Rur nicht gäbe. Durch die Sprengungen der Deutschen an Urft- und Rursee sowie zusätzliches Flutwasser infolge Tauwetters ist die Rur zum reißenden Strom geworden.

Man begnügt sich in den kommenden zwei Wochen damit, westlich des Flusses alle verfügbaren Einheiten zusammenzuziehen.

Völlig am Ende ihrer Kräfte sind diese beiden deutschen Landser, die bei Höngen im Selfkant in britische Gefangenschaft geraten.

XVII. Kapitel

Die große Abwehrschlacht am Niederrhein

11. Februar 1945 (So)

Die britische „Operation Veritable“, die Eroberung von Reichswald und Niederrhein, kommt nur schwer auf Touren. Zum einen sind im Norden noch die deutschen Abwehrbefestigungen intakt, zum anderen stehen die Briten hier vor dem gleichen Problem wie die Amerikaner vor der Rur: der Rhein ist stellenweise rund 15 Kilometer (!) breit. Das Schmelzwasser hat nicht nur die Rur, sondern auch Maas und Niers anschwellen lassen. Als die Holländer nordöstlich von Nijmegen die Deiche sprengen, antworten die Deutschen mit dem Durchstich der Altrhein-Dämme. Das Chaos ist perfekt.

12. Februar 1945 (Mo)

Die Briten durchqueren den Reichswald und liefern sich in den Trümmern von Kleve Gefechte mit den letzten deutschen Verteidigern. Insgesamt hat sich die deutsche Abwehrfront jedoch gefestigt.

13. Februar 1945 (Di)

An der gesamten Niederrheinfront toben die Kämpfe. Die Briten setzen in den Wasserfluten verstärkt Amphibien-Sturmfahrzeuge ein, die teilweise auch als Transportmittel genutzt werden.

Pionieren gelingt es nachts, eine 35 Meter breite Brücke über die Niers zu schlagen, so daß die Panzereinheiten nach vorn rollen können.

Mit der Eroberung von Gennep endet die erste Phase der „Operation Veritable“.

14. Februar 1945 (Mi)

Von jenseits der Rhein-Überschwemmungsgebiete feuert die deutsche Artillerie unaufhörlich in die britischen Aufmarschgebiete.

„In dem links der Straße Kleve-Nijmegen, rechts der Bahnlinie Gennep-Goch und nach Westen durch die Maas begrenzten Gebiet waren vier Divisionen und zwei Panzer-Brigaden, eine Brigade der 79. Panzer-Division und eine große Masse von Artillerie und Unterstützungstruppen zusammengedrängt in einem Gewirr von Schlamm, Wasser und zerfetzten Bäumen. Unaufhörlich fiel ein trüber, feiner Regen, es schien, als wolle sich die Sonne überhaupt nicht mehr zeigen, und an ein Trockenwerden war überhaupt nicht zu denken.“ So der britische Kriegshistoriker Thompson.

15. Februar 1945 (Do)

Die Wasser der Maas und der Niers erreichen ihren Höchststand, doch das Wetter scheint sich zu bessern. Britischen Pionieren gelingt es, eine über 1200 Meter lange Pontonbrücke über die Maas zu schlagen, auf der nun pausenlos schweres Kriegsgerät an die Front gebracht wird.

Mittags schließt das kanadische 2. Korps auf der linken Flanke der Front zu den Briten auf, um auf Kalkar durchzustoßen, während das britische 30. Korps südostwärts auf Goch einschwenkt.

16. Februar 1945 (Fr)

Im Bereich der Rurfront warten die Amerikaner sehnlich auf ein Sinken des Rur-Hochwassers, um endlich losschlagen zu können.

Weiter nördlich gewinnen die Briten bei der „Operation Veritable“ langsam an Boden. Das deutsche Abwehrfeuer ist jedoch nach wie vor heftig und vor allem - es liegt gut und bereitet den Briten zunehmend Probleme, obschon das Verhältnis der zur Verfügung stehenden Geschütze 10:1 für die Alliierten beträgt.

17. Februar 1945 (Sa)

Goch rückt in den Mittelpunkt der Niederrhein-Schlacht. Für die deutschen Verteidiger gibt es keine Hoffnung mehr. Die einzige mögliche Rückzugslinie verläuft entlang der Bahnlinie nach Osten, denn die Straße durch Weeze südlich nach Geldern ist unmittelbar bedroht.

R.W. Thompson schildert die Situation so: „Alle Zugänge zur Stadt waren durch Deiche, Panzergräben, Grabensysteme und Bunker gedeckt, und als der Endangriff begann, glich das ganze Gebiet einem Vulkan in voller Tätigkeit. Es schien unmöglich, daß auch nur ein Kubikmeter Luft frei von surrendem Metall sein konnte. Und doch eroberte und hielt in der Nacht die 43. Division die Übergänge über den Panzergraben."

Auf einer Konferenz der amerikanischen Befehlshaber wird der Beginn der „Operation Grenade" (die Überquerung der Rur) endgültig auf den 23. Februar festgesetzt.

Die 9. US-Armee soll demnach zwischen Roermond und Düren die Rur überqueren und nach Norden auf Mönchengladbach (damals noch Münchengladbach) vorstoßen und die rechte englische Flanke auf der Linie Wesel-Venlo erreichen. Die 1. US-Armee soll die Rur südlich von Düren mit direktem Ziel Köln überqueren.

18. Februar 1945 (So)

Den ganzen Tag über tobt der Kampf um und in Goch. Aus jedem Haus und jedem Krater schlägt den Briten gezieltes Abwehrfeuer entgegen. In diesem Inferno spielen die britischen „Krokodilpanzer" - mit bis zu 150 Meter reichenden Flammenwerfern ausgerüstete Tanks - die entscheidende Rolle. Ganze Straßenzüge gehen in Flammen auf.

Englands Premier Winston Churchill besuchte verschiedentlich die Westfront. Hier läßt er sich von Montgomery (links daneben) und US-General Simpson (rechts) die Lage erklären.

19. Februar 1945 (Mo)

In der Frühe des Morgens entscheidet sich das Schicksal von Goch. Eine britische Kompanie dringt in das Krankenhaus ein und nimmt den dort einquartierten Besatzungskommandanten mit dem gesamten Stab gefangen. Die Deutschen sind somit ohne Führung, doch die Kämpfe gehen trotz des zusammengebrochenen Kommunikationssystems weiter: niemand weiß, was der andere tut, und man wehrt sich seiner Haut, so gut es geht. Und die Deutschen haben schon anderswo bewiesen, daß sie diese Art Kriegführung besser beherrschen als die aus dem vollen schöpfenden Alliierten. Zu allem Überfluß verwechseln RAF-Bomber Goch mit Weeze und entladen ihre tödliche Fracht über den eigenen Linien.

20. Februar 1945 (Di)

In Goch flauen die Kämpfe langsam ab, dafür tobt die Schlacht an den Flanken um so heftiger, vor allem um die Straßen Goch-Weeze und Goch-Kalkar. Die Briten erleiden dabei schwere Verluste.

An der Rurfront hegen die Amerikaner die Hoffnung, daß sie nun bald zum großen Schlag ausholen können. Die Fluten gehen langsam etwas zurück, und die total erschöpften und schlecht ausgerüsteten deutschen Verteidiger in Düren, Jülich, Linnich und den anderen stark befestigten Stellungen beobachten voller Sorge die „drüben" stattfindenden gigantischen Truppenkonzentrationen.

21. Februar 1945 (Mi)

Mit Goch ist die letzte große Bastion im Norden der deutschen „Siegfriedlinie" gefallen. Auf den Straßen, die aus der Stadt nach Südosten und Nordosten hinausführen, tobt die Schlacht auf Weeze zu, nach Osten auf Uedem, nach Norden auf Kalkar. „Ein Goch nach dem anderen" heißt es bei den verzweifelten Briten. Immerhin haben sie elf deutsche Divisionen (oder was davon übriggeblieben ist) auf einen letzten nördlichen Brückenkopf zurückgedrängt, der im Westen durch die Straßen Kalkar-Uedem-Kervenheim und Winnekendonk-Kevelaer-Geldern begrenzt wird.

In Aachen wird wieder eine Berufsfeuerwehr ins Leben gerufen, die sich im wesentlichen aus der ehemaligen bewährten Dom-Brandwache rekrutiert.

22. Februar 1945 (Do)

Ruhe vor dem Sturm an der Rurfront. Entlang des Flusses sind im nördlichen Abschnitt zehn Divisionen der 9. US-Armee unter Führung von General Simpson aufmarschiert, aufgeteilt in drei Korps, im südlichen sogar 14 Divisionen der 1. US-Armee, geführt von General Hodges. Die Deutschen können dagegen nur vier Divisionen und vereinzelte Ortsbesatzungen aufbieten.

Trotz Rückgang der Fluten bereitet die Rur den Amerikanern weiterhin Kopfzerbrechen. Gefordert sind vor allem die Pioniere, denn immer noch ist der Fluß im Bereich Düren-Jülich an die 80 Meter breit und strömt mit einer Geschwindigkeit von neun Stundenkilometern dahin.

In dieser Nacht beginnt die letzte Phase in der Schlacht um das Rheinland.

XVIII. Kapitel

Der letzte Schritt: Übergang über die Rur

23. Februar 1945 (Fr)

Um 2.45 Uhr in der Nacht beginnt entlang der Rur die letzte große Offensive der Alliierten im Westen, die „Operation Grenade".

Aus Tausenden von Rohren geht ein dreiviertelstündiges Trommelfeuer auf die deutschen Stellungen nieder, bevor die Amerikaner an einigen sorgfältig ausgewählten Stellen mit Sturmbooten und Amphibienfahrzeugen übersetzen. Aus den Sturmbooten lassen Pioniere Drahtseile ab, mit denen Pontons zum Brückenschlag über die Rur gezogen werden.

Zwischen Jülich und Roermond können auf diese Weise trotz des starken deutschen Abwehrfeuers und der reißenden Strömung des Flusses sechs größere Pontonbrücken errichtet und etliche Laufstege für die Infanterie gebaut werden.

In Jülich erlischt der deutsche Widerstand rasch, lediglich aus der Zitadelle feuert noch für kurze Zeit eine deutsche Nachhut. Am Nachmittag ist die Stadt in amerikanischer Hand. Am Abend erreichen die US-Truppen sogar schon Mersch.

Aus einem Brückenkopf bei Linnich stoßen die Amerikaner in drei Angriffskeilen nach Norden (Körrenzig und Baal), Osten und Südosten. Im Dürener Bereich besetzen die Amerikaner Niederzier.

Zur Vorbereitung des weiteren Vormarsches erlebt Erkelenz sein letztes schweres Bombardement, wobei die Kirche, das Krankenhaus und fast das gesamte Westviertel zerstört werden.

Auf schmalen Stegen überqueren amerikanische Infanteristen die Rur.

24. Februar 1945 (Sa)

Die Amerikaner können sämtliche Brückenköpfe über die Rur ausbauen.

Im Sturm auf Erkelenz wird Doveren genommen, während das am Vortag an die Amerikaner gefallene Rurich vorübergehend von den Deutschen zurückerobert wird. Am Abend stehen die Angreifer nur noch wenige Kilometer vor Erkelenz.

Von Jülich aus stoßen die Amerikaner durch den Hambacher Forst entlang der Reichsstraße 55 auf Lich-Steinstraß vor.

25. Februar 1945 (So)

Lich-Steinstraß fällt an die immer schneller rollenden Amerikaner, die im Laufe des Tages weiter auf den Kreis Bergheim vorrücken. Panzerspitzen erreichen Ameln, das noch abends von der Infanterie ohne großen deutschen Widerstand genommen wird.

26. Februar 1945 (Mo)

Die Amerikaner haben jetzt einen durchgehenden Brückenkopf von Doveren bis Düren-Niederau errichtet. Aus dem Bereich Doveren überrollt die 35. US-Infanterie-Division Hückelhoven, während die 102. Infanterie-Division auf die Linie Erkelenz-Gerderath vorrückt und Panzertruppen aus dem Raum Baal in Erkelenz eindringen, das trotz teilweise noch heftiger deutscher Abwehr am Nachmittag in amerikanischer Hand ist. Auch Golkrath und Kückhoven gehen verloren.

Die in Erkelenz eingedrungenen US-Panzer-Einheiten setzen sich noch am Abend Richtung Münchengladbach in Bewegung.

27. Februar 1945 (Di)

Die Trümmerhaufen, die von Düren übriggeblieben sind, befinden sich ebenso in der Hand der Amerikaner wie die umliegenden Ortschaften bis Nideggen-Berg ruraufwärts.

Aus dem Jülicher Brückenkopf sind die Amerikaner bisher am weitesten nach Osten vorgeprescht: Titz wird hinter den fluchtartig zurückweichenden deutschen Truppenresten besetzt.

28. Februar 1945 (Mi)

Die „Operation Grenade" endet mit der Besetzung von Holzweiler und Wassenberg durch die Amerikaner, die noch am selben Tag Münchengladbach und Rheydt erreichen.

Damit ist das Land zwischen Maas und Rur bis auf einige Gebiete der Kreise Schleiden und Euskirchen von den Alliierten besetzt. Ernsthaften Widerstand von deutscher Seite gibt es jetzt nicht mehr. Die Kämpfe in den ersten Märztagen sind kaum mehr als amerikanische Säuberungsaktionen.

Was noch geschieht, sei hier im Zeitraffer zusammengefaßt:

1. März: Grevenbroich und Münchengladbach fallen, Panzerspitzen erreichen Neuss. Im Bereich der oberen Rur werden Abenden und Blens besetzt.

2. März: Vlatten (zwischen Heimbach und Zülpich) wird genommen. Über Bergheim befinden sich die Amerikaner im Anmarsch auf Köln.
4. März: Gemünd, Schleiden und Euskirchen fallen an die Amerikaner, die gleich in Richtung Bonn weiterfahren.
5. März: Die Amerikaner stehen in den westlichen Kölner Stadtteilen Ehrenfeld und Lindenthal.
6. März: Amerikanische Panzer stehen vor dem Dom. Die letzte noch intakte Rheinbrücke, die Hohenzollernbrücke, wird von deutschen Nachhuteinheiten gesprengt.
7. März: Über Kall und Sötenich erreichen die Amerikaner die Ahr (und besetzen Blankenheim) und aus dem Raum Euskirchen kommend den Rhein bei Remagen, wo sie die berühmt gewordene, noch intakte Ludendorffbrücke vorfinden.
9. März: Bonn und Bad Godesberg werden besetzt.
25. März: Am Abend des Palmsonntags wird Aachens Oberbürgermeister Franz Oppenhoff auf Himmlers Befehl von einem Werwolf-Kommando in seiner Wohnung erschossen.

Blick nach vorn: der alliierte Oberbefehlshaber Dwight D. Eisenhower mit seinem Stab in Jülich. Die „Arbeit“ ist getan, der Rest nur noch Formsache.

Literaturnachweis

Josef Amberg: Es kamen die schlimmsten Tage unseres Lebens (Würselen 1987)

Piet Baghus: De slag om de Roerdriehoek (Assen 1981)

Will Berthold: Malmedy - Das Recht des Siegers (Bayreuth 1977)

Paul Boesch: Road to Huertgen-Forest in Hell (Houston 1962)

Werner Brockdorff: Geheimkommandos des Zweiten Weltkriegs (München-Wels 1962)

Winston Churchill: Der Zweite Weltkrieg (London 1954)

Geschichtsverein „Zwischen Venn und Schneifel“, St. Vith: Kriegsschicksale 1944-1945 (St. Vith 1969)

Dr. Josef Hofmann: Heimat in Flammen (Aachen 1965)

Adolf Hohenstein/Wolfgang Trees: Hölle im Hürtgenwald (Aachen 1981)

Hans Kramp: Rurfront 1944/45 (Linnich 1992; 1. Auflage 1981)

Charles B. MacDonald: The Battle of the Huertgen Forest (Philadelphia/New York 1964)

Janusz Piekalkiewicz: Luftkrieg 1939 - 1945 (Paris 1964)

Bernhard Poll: Geschichte Aachens in Daten (Aachen 1960)

Bernhard Poll: Das Schicksal Aachens im Herbst 1944 (Aachen 1962)

Josef Rahier: Jülich und das Jülicher Land in den Schicksalsjahren 1944/45 (Jülich 1967)

Hrowe H. Saunders: Die Wacht am Rhein (Berg am See 1984)

Louis L. Snyder: So sahen sie den Krieg (New York 1962)

John Toland: Ardennenschlacht 1944 (London 1960)

R.W. Thompson: Die Schlacht um das Rheinland (London 1960)

Charles Whiting/Wolfgang Trees: Die Amis sind da (Aachen 1976)

Chester Wilmpot: Der Kampf um Europa (London 1960)

Christian Zentner: Lexikon des Zweiten Weltkriegs (Bergisch Gladbach 1977)

Zeitungen und Zeitschriften: Aachener Nachrichten; The Stars and Stripes; Die amerikanische Rundschau; Magazin Le Figaro; Die Weltwoche; Westdeutscher Beobachter; Völkischer Beobachter

Ferner: Veröffentlichungen und Schriften der hiesigen Geschichts- und Heimatvereine

Unser Regionalprogramm

Bruno Bousack, Aachener Spaziergänge Bd. 4: Aachener Stadtführer
Bruno Bousack, Radfahren im Dreiländereck Bd. 1
Bruno Bousack, Radfahren im Dreiländereck Bd. 2
Bruno Bousack, Radfahren in der Region Heinsberg
Bruno Bousack, Radfahren in der Nordeifel
Heinz Dräger, Kurzwandern im Dreiländereck Bd. 1
Heinz Dräger, Kurzwandern im Dreiländereck Bd. 2
Heinz Dräger, Kurzwandern in der Region Heinsberg
Fehl/Kaspari/Küffen, Mit Wasser und Dampf ...
Bert M. Geurten, Fisematäntche
Karl Guthausen, Sagen und Legenden aus Eifel und Ardennen Bd. 1
Karl Guthausen, Sagen und Legenden aus Eifel und Ardennen Bd. 2
Axel Hausmann, Aachen zur Zeit der Römer
Axel Hausmann, Kreis, Quadrat und Oktogon
Andreas Herrmann, Aachen – Europastadt mit Flair
Rosemarie Herrmann, Aachener Straßen Bd. 1
Rosemarie Herrmann, Aachener Straßen Bd. 2
Manfred Hilgers, Die Eifel – Augenblicke: Landschaften, Leute, Lebensbilder
Karl F. Kittelberger, Das Aachener Printenbuch
Karl F. Kittelberger, Lebkuchen und Aachener Printen
Franz Joseph Küsters, Der Zweite Weltkrieg zwischen Maas und Rur
Bruno Lerho, Stadttore und Türme
Dieter Mätschke, Stolberger Wanderungen Bd. 1: Durch die Kupferstadt
Dieter Mätschke, Stolberger Wanderungen Bd. 2: Im Naturpark Nordeifel
Günter Marenberg, Die Rur
Rolf Purpar, Euregio Maas-Rhein
Rolf Purpar, Os Oche
Rolf Purpar, Reisebuch Niederrhein
Rolf Purpar, Reisebuch Nordeifel
Ramjoie/Sauer, Euregio à la carte
Hans-Karl Rouette, Aachener Textil-Geschichte(n)
Günther Schnuer, Der Automobilbau in Aachen
Sabine Schulz, Aachener Spaziergänge Bd. 1 und 2
Siemes/Philips, Rheinische Lieder
Hans Siemons, Off Limits
Franz Stettner, Aachener Spaziergänge Bd. 3: Der Aachener Tierpark
Christoph Wendt, Das Hohe Venn
Christoph Wendt, Reisebuch Ardennen
Christoph Wendt, Reisebuch Südeifel
Christoph Wendt, Monschau
Herbert Zintzen, Hebscheid – Ein historischer Hof in der Region Aachen

---